昌明文叢

你就是神

祈 華 著

自我革新就是最大神跡

序言

　　總想寫些文字，分享研讀聖經的反思。借神學院畢業的機會，我以學位課程作業為基礎編寫本書。

　　神是誰？怎樣認識耶穌基督？一個真正的基督徒必須嚴肅認真回答這問題。

　　記得初歸信基督，一位資深傳道人勸我說：「你簡單信就好，不須太深入理性、學究式地鑽研耶穌基督」。事實的確如此，我和其他人一樣，都是這樣開始追隨基督。「簡單信」在哲學意義上稱為「思想前設」，「思想前設」就是我們討論的「信仰」。它決定了我們如何認識神或事物：是認識的起點，並決定思想進路，最終影響我們對神的態度和觀念。以「簡單信」作為相信神的思想方法從來都不是問題，但我們必須認真探討和清晰理解「簡單信」這樣的前設理論，到底前設了什麼？以及我們應觀察這個前設怎樣影響我們思想進路的展開，思想方法的立足點和論據，從而自我觀察信仰的源頭、歷史依據和背景，最終讓我們能認識基督是何方神聖。

　　N.T. Wright 的《神兒子的復活》[1]深入探索歷史上人們如何看待和相信耶穌基督的復活。這本書有趣之處在於並非科學考察或實證基督曾在歷史上真的復活，而是向讀者展示不同歷史時期人們對神的觀點和態度，如何影響他們對基督復活的理解和信仰。換言之，是我們對神的想像和體驗見證了神是誰，而非神本身的屬性決定我們如何認

1　N.T. Wright：《神兒子的復活》(The Resurrection of the Son of God)。

識祂。神的奧祕揭示了兩個原則：人因自我體驗而認識神；人對神的理解並無共識，任何人不可能成為指導他人認識神的權威。正如康德所稱，人對客觀事物的認知沒有真相一樣，神的奧祕也沒有所謂真相。神是靈，不是物質形式，祂是純粹的存在，沒有名稱、本質或個性。祂如何自我啟示其奧祕與神跡，完全取決於人如何感悟和以行為把祂呈現出來。

本書以猶太、羅馬帝國、歐洲、教會歷史為背景，考察人們的上帝觀念在歷史中的變遷，反思新、舊約經文中基督向我們啟示了什麼？所有注腳均引用經文，主要來自《創世記》、《約伯記》、《馬太福音》、《約翰福音》和《羅馬書》。

今天基督徒所閱讀的第一本聖經出現在第四世紀尼西亞會議後，《新約》以希臘文寫成。這些資訊提醒讀者，在研讀聖經、認識聖經中的基督時，不要忽略當時羅馬帝國多神論、柏拉圖、亞里斯多德、斯多噶學派和犬儒主義等主流哲學思想和文化價值觀的歷史背景。要領悟原教旨基督，需有歷史作為背景，以古典哲學思想進行辨識，簡單來說就是「用西方思想文化」認識聖經中的基督。

罪是什麼？許多人以「眼見為實」來證明罪就是不義[2]，只有忠實於神，人才能免罪。由於「不義」這一概念過於空泛，實際上，不恰當的「認罪」對人影響的結果就是自我否定。

我們常說基督的死救贖了人的靈魂，祂從罪中拯救我們。顯然，我們有必要具體探討罪的本質，才能理解神對人的靈魂救贖。《創世記》提到，是人吃了禁果，得了自以為與神相似的智慧而陷入罪中。這表明，罪與人的思考和判斷力密切相關，靈魂救贖實際上就是人獲得與神相似的思考和判斷力。

---

[2] 「義」作公平、公義、仁義解。

「神是完美」的觀念深入基督徒心中：人不可能思想神的作為、不可能成為神。這樣的觀念妨礙了我們對神形象的想像。一個不可能被人思想的神，沒有人屬性、特徵的神，人怎麼可以用其智慧發現和認識祂？又怎可能與祂建立關係，與之交流？於是，兩千年前耶路撒冷民眾不認識耶穌基督的故事極有可能會再次發生，讓行出基督模樣的人重上十字架。

「上帝愛世人」或「人應愛神」這樣形而上的問題，對普通信徒想像其是否存在，或相信其存在帶來什麼好處似乎有點遙遠和抽象，但研讀聖經，反思「愛」是什麼於現實更為適切。

《約翰福音》中提到「那個門徒」對神認識的故事見證了：神可以借人的口和行為啟示人，實際上已揭示了神具有人類屬性和特質。要真正見證神的道、理解並相信神有人類屬性，祂可以通過人或事物來啟示我們，人必須具備謙卑的品質。謙卑並非溫良謙恭，也不是忍辱負重的同義詞。謙卑使人能夠相信未見之事[3]，見證神的道，使人能實現自我超越。

與神同行的人是一個自我革新、獨立自主的人，表現為具有獨立人格和思想意志力量，被稱為有神思想的人[4]。真正有神思想的人並不是大眾所認為廣受歡迎的人。我們可以用現代語言描述四福音書中耶穌所受的待遇說明這一觀點：具有獨立思想意志的人往往遭遇的結果是難以被他人理解。當你試圖解釋自己的思想時，由於語言對靈魂描述的局限性，很少有人能理解你的思想，包括內心的平靜、喜悅、熱情和獨特見解；他們或許因你的思想能力表現出與眾不同而傾聽你的話，卻因世俗的習慣而無法領受，更不可能體驗和領悟你的所思所

3　《約翰福音》20:29，「耶穌對他說，你因看見了我才信，那沒有看見就信的，有福了。」
4　基督徒稱為有「神屬靈」。

想；許多人會試圖以你為榜樣向你學習，但因能力、誤解或偏見而誤傳播你的話語；很多人會因嫉妒你所擁有的見識，或主張的世界觀可能侵犯了他們既有利益而感到憤怒；有人會憑藉傳統倫理和風俗習慣試圖點評、說服或貶低你，以證明你並不真正瞭解神和真理；如果他們仍無法將你拉回到他們所熟悉的認知水準，或無法理解你與神同在的喜悅，他們就會設法傷害你；當你表現出如蘇格拉底那樣追求和堅持真理的頑強精神，他們最終會選擇讓你承受死亡代價，讓你一嘗耶穌受死的滋味。當他們真心領悟你面對死亡時仍對真理表現出執著，轉而重新關注你的道理，最後可能出於現實考慮或需要，把你尊稱為聖人，尊重、敬拜你。這就是神級人物為何不受歡迎的道理。我們常說，人神分隔，這正是人神分隔的原因。

在苦難、或戰爭年代，有許多人因信仰基督和聖經指引得到真實的心靈安慰，並在神幫助下順利度過困惑逆境。但二十一世紀的華人社會與以前現實大不同，人對神的盼望，或神對人心靈救贖自然有不同啟示。我們身處商業誘惑、政治口號和道德說教包圍中，過去神的救贖、慰藉道理很可能誤導你逃避現實生活，很難讓你辨識這些喧鬧的宣傳伎倆。「能辨識虛實真偽」才是新時代神的救贖，它會讓人保持批判性思維而不至於成為迷途羔羊。希望本人的寫作，讓讀者重新關注基督徒耳熟能詳的主題：愛、罪、謙卑、耶穌死、救贖、基督復活、神道和形象、神奧祕、信與義。並反思這些議題在當代是否仍有現實意義。同時也回答讀者關心問題：神是誰？信與不信基督的理由？是否要去教會？

神學和哲學是平衡時空兩種思想理論，它們的區別表現在方法論上，沒所謂誰大誰小、或誰強誰弱，若倆者同為探索形而上「不可見、不可知」超越人意識外的事物，我們皆稱為有神論者。

聖經不是《道德經》，所謂智慧看世界實際上是觀察自我如何看

世界的問題，這是神學意義上的靈性問題，對於非基督徒是哲學問題。真實自我有神的形象和靈性，與神對話意味著你與最好的自我交流，獨立人格精神能夠實踐自我意識主導自己的人生，為了避免陷入自我中心，人有必要學習謙卑和愛，你就是神。

Kzhou

目次

序言 …………………………………………………………… 1

第一章　神是誰 …………………………………………… 1

第一節　有神論者 ……………………………………… 1
第二節　神在歷史中 …………………………………… 7
第三節　神的意志 ……………………………………… 16
第四節　十字架神學 …………………………………… 19
第五節　神再來 ………………………………………… 20

第二章　基督與哲學 ……………………………………… 23

第一節　歷史與思想 …………………………………… 23
第二節　保羅 …………………………………………… 27
第三節　新柏拉圖主義 ………………………………… 31
第四節　奧古斯丁和湯瑪斯・阿奎那 ………………… 32
第五節　斯多噶派和犬儒主義 ………………………… 35
第六節　基督與哲學 …………………………………… 37
第七節　基督徒聚會 …………………………………… 38
第八節　思想前設 ……………………………………… 39

第三章　罪與靈修 ………………………………………… 43

第一節 關於罪 ………………………………………… 43
第二節 人的罪 ………………………………………… 45
第三節 律法主義 ……………………………………… 48
第四節 《約伯記》 …………………………………… 49

第四章　領袖與小民 ……………………………………… 57

第一節 倫理道德 ……………………………………… 57
第二節 信仰之父 ……………………………………… 60
第三節 亞伯拉罕與雅各 ……………………………… 62
第四節 自然法則 ……………………………………… 62
第五節 領袖與小民 …………………………………… 66
第六節 信心 …………………………………………… 71

第五章　耶穌死與救贖 …………………………………… 75

第一節 關於聖經 ……………………………………… 75
第二節 耶穌的死 ……………………………………… 77
第三節 救贖 …………………………………………… 80

第六章　神的道及形象 …………………………………… 89

第一節 神的道 ………………………………………… 89
第二節 那個門徒和彼得 ……………………………… 92
第三節 神的形象 ……………………………………… 98

第七章　你可以是神 ……………………………………… 103

第一節 愛 ……………………………………………… 103
第二節 謙卑 …………………………………………… 110

第三節　神形象與神喻 ································· 117
　　第四節　十字架人生 ····································· 121

第八章　基督與中國傳統思想 ··································· 127

　　第一節　儒家式基督 ····································· 127
　　第二節　道教式基督 ····································· 129
　　第三節　佛家式基督 ····································· 130
　　第四節　靈與肉 ··· 132
　　第五節　正統基督思想 ··································· 134
　　第六節　未來AI年代 ····································· 138

參考文獻 ··· 143

第一章
神是誰

導讀：不同歷史時期，上帝有不同形象。人對上帝的觀念決定上帝形象，而不是上帝是誰決定了我們怎樣看待祂；正如我們對事物的體驗決定了事物是什麼，而不是事物本相決定我們對它的定義。

第一節　有神論者

管理一個村莊都需要神。

——伏爾泰

向350個體以上傳達資訊需要統一發號司令。

——尤瓦爾・赫拉利[1]

人類第一部法典《漢謨拉比法典》[2]據傳說，是得神諭而寫成，規定了巴比倫社會秩序和階級結構，將所有人分為男女、上等人、平民和奴隸三種階級，並嚴格規定了家庭的等級制度。我們信仰某種秩序，並非因為它是客觀現實，而是因為我們相信它能夠提升合作效率，建設一個和諧社會。這種「秩序」被視為來自奧祕的神意志，即本文所稱的「想像現實」。

---

[1] 尤瓦爾・赫拉利，《人類簡史：從野獸到扮演上帝》作者。
[2] 《漢謨拉比法典》(*The Code of Hammurabi*)。

《水滸傳》第七十一回，梁山一零八將遵從「天意」，按照地下挖掘出來的石碑文排座次。這個「天意」，顯然是宋江和吳用預先設計安排。通過「天意」排座次，各人彼此相安無事，團結協作。如果排名由宋江和吳用商量而定，眾人可能會因親疏遠近、功勞多寡，自我評價和判斷他人，彼此不能互相信服，從而導致梁山好漢聚會立刻分崩離析。這一例子展示了如何以神或天命的名義領導和管理眾人。

　　一個團體、組織或族群能否始終和平共處，不在於神是否真實、客觀教導了什麼，而在於人們共同相信神所傳達的思想信念和核心價值觀，例如「愛能帶來和平共處」。人彼此信服往往基於互利，這種信服是有條件和時間性，是暫時的。而相信神的教導則是永恆，能夠帶來團體的和諧共處和持續發展，直到不再共同相信為止。這也是我們總是看到或聽到提倡「核心價值觀」和「公司文化」的原因。提倡這些概念並謹守其原則，目的就是讓集體能和諧發展。

問：你認為，神諭是人編造出來的？

　　是的。人的自利本性決定了人際關係中很難實現完全心悅誠服。一個團隊或群體要團結一致，需要一個被公認為完美、裁判善惡的中保人。大家能夠聚集在一起，是因為大眾共同信任這個中保人所「教導」倫理道德品格真誠、善良、完美，只要信守這些「教導」就不會損害彼此的利益，並且堅信其「教導」有能力帶領大家實現預期目標。這個中保人就是伏爾泰和尤瓦爾‧赫拉利所稱的神，或是梁山泊好漢所拜的蒼天。

問：既然現代人對這些問題有了如此透徹的理解，信基督有什麼意義？

　　這是有神論者必須面對的問題，以回應神是人虛構「無中生有」的指責。你相信「責任公司」嗎？相信法律嗎？所有人都會毫不猶豫

說,「相信,因為它真實存在」。但它們真的原本存在嗎?讓我告訴你,「責任公司」只是由一群富有遠見的人在不同歷史時期通過創造、實踐(如訴訟)不斷完善,並／通過協商、投票,以法律形式強制執行的概念和定義,以保證商業社會有序發展。

「責任公司」像人一樣,擁有「法人」資格,其責任、權利和義務由民法、民事訴訟法等法律嚴格規定。出資成立公司的人稱為董事,公司代表人稱為「法人代表」,即他／她只是公司的受委託代表,代表公司行使法律規定的責任和權利。這個代表人不能以任何名義侵害公司(委託人)的利益,否則會承擔民事或刑事責任。從上述可以看出,「責任公司」只是一個寫在檔上具有嚴肅法律規定的虛擬概念,它像人一樣可以委託他人行使權力、義務和責任。人們通過創造這個虛擬概念推動商業發展和人類文明進步。因為它被廣泛接受,人們自然認為它是真實的,彷彿它本來就存在一樣。根據對「責任公司」的解釋,如果你相信它的存在,你就是有神論者。這個概念是一個偉大的創造。民族、政黨、團體、組織、國家等同樣具有像「責任公司」虛擬位格化性質(personalization),是神意志的體現。神意志賦予這些事物過去、現在和未來有真實、可實踐的意義,保證了它們依照自然法則實現無限的發展可能。

聖父、聖子和聖靈三位一體基督神的概念也是由人決定的。第四世紀中葉,在羅馬帝國君士坦丁大帝主持的尼西亞會議上,由來自不同教區的主教通過投票,追認已去逝的特土良教父[3]提出的三位一體基督概念。尤瓦爾·赫拉利在《人類簡史》中稱這些概念為「想像現實」[4],它們比「客觀現實」更重要,這是維持人類社會生活秩序不

3　Tertullian (150-230).

4　尤瓦爾·赫拉利著,林俊宏譯:《人類簡史》,「從認知革命以來,智人一直就生活在一種雙重的現實之中。一方面,我們有像是河流、樹木和獅子這種確實存在的客

可或缺的基本思想元素。

問：中國文化追求實際和實用主義，被稱為無神論者，他們也相信「責任公司」，是否也可以稱為有神論者？

形式上類似但本質不同。真正相信「責任公司」的人會表現出契約精神，遵守規則、約定，尊重「想像現實」，表現出誠實可靠的履約精神。而在中國，許多人將這些視為「紙上概念」，認為它們會隨著時間而變化，常常不經過協商就忽視和撕毀約定。真正的契約精神就像神的意志，具有永恆性質，這才是真正的有神論者，與實用主義格格不入。

問：我們如何定義有神論者？

《約翰福音》20:29，「耶穌對他說，你因看見了我才信，那沒有看見就信的，有福了。」這節經文可以作為有神論者的定義：世界包括可見和不可見的物質，也包括靈性體驗和未曾經歷過的事物，人要相信未見過和未體驗過的事物可能真實存在；相信想像現實與客觀現實一樣真實存在；想像現實就是世界觀和價值觀，稱為具有神靈性的思想，它在引導人理解和體驗世界方面，往往比客觀現實更重要；它是指導人行動的理論、實踐準則，甚至是行為倫理規範，我們稱之為「思想前設」。心中有神是一種觀念，能意識到自身，學習關注自己，就是與神交流。在哲學方面，也有許多不同理論定義如何認識人意識外的事物，相信這樣的論述也可稱為有神論者。

以上定義是相信基督存在的基本要義條件，而不是普遍認為相信

觀現實；而另一方面，我們也有像是神、國家和企業這種想像中的現實。隨著時間過去，想像現實也日益強大；時至今日，河流、樹木和獅子想要生存，有時候還得仰賴神、國家和企業這些想像現實行行好、放它們一馬。」

基督才是有神論者的條件。若把相信基督是否存在作為有神論者前提條件，怎樣認識基督、祂的形象、神道理就會成為爭論的焦點，判斷真偽基督成為有神論者標準，結果對於有神論者的定義解釋變成爭辯真假基督，最終導致何為有神論者成為不可界定，沒有共識的概念。更甚者，不同宗教對神有不同稱呼和定義，如果把相信基督作為有神論者的定義標準，必然引起其他宗教信仰者或其他派別反對而引起紛爭。

聖經說，神是完全美善，具有超越人類想像的能力；人是按照神的形象被創造出來，每個人天生都擁有神的一些品格屬性。由此，我們可以認為，如果人像相信「責任公司」那樣堅信三位一體神是真實，那麼人就會相信自己因有神的某些品格屬性，能夠變得更好、更強大，甚至超越自己原來的能力界限。卡內基曾說：「如果你堅信自己可以改變，你就能成為你想像中的樣子。」兩千多年前，耶穌說，每個人都是天父上帝的兒女。相信這個「虛擬」概念，就是相信人因由同一個父所出，生而平等。現代聯合國人權宣言第一條中寫道：「人人生而自由，在尊嚴和權利上一律平等。他們賦有理性和良心，並應以兄弟關係的精神相對待。」

許多我們曾以為是自然法則的東西，其實是人的約定。我再舉一例，耶穌說「愛人如己」，這神諭出現在一世紀森林法則的羅馬社會，可謂超越時空的教導。這對於當時的人類是無法想像的「虛擬實境概念」。弱肉強食就是那時他們的生存定律，根本不能想像「愛」可以帶來社會和諧進步，能解決人類為資源而互相爭鬥的生存文化所引起的問題。這個逐漸為人接受的「人的約定」或稱「想像現實」最終開啟了人類文明進步的新紀元。上述解釋證明了有神論者信仰的真實性，你還會否認虛構的神在現實中的意義嗎？

問：明白。但為什麼這些道理非要通過神或「上蒼的口」來表達，而不是通過人，例如偉大人物來表達？偉大人物相比較神不是眼見為實，更可信嗎？

偉大人物也是人，人天性自利，他們說話要讓人信服，必須自證或被大家公認其言論不包含私人利益算計，是出於慈善和公義。儘管如此，歷史多次證明，大眾所信服的偉大人物往往會帶來災難性的後果。例如：希特勒即使在二十一世紀的今天，其人品和性格也值得大眾稱道：素食者，不喝酒，不抽煙，環保，喜歡孩子……，這些高尚形象和一九三五年前管理國家能力，被放大宣傳為民粹主義的勝利，掩蓋了其反人類的邪惡靈魂。最終，德國大眾相信了這個偉大人物的指引，將國家和人民帶入災難。在一個團體中，如果大多數個體都信仰神而非人，就能避免類似的災難。

問：有道理。神是人編造出來的觀念有兩重意義：用美好概念來構造世界觀，讓自己、社會和人類變得更好，推動人類文明進步。《馬太福音》13章耶穌說，好種子撒在好地裡才有好收成，就是這個意思；另一方面，人因明白世界觀形成的實質、過程和原因，就會具備批判性思維，能辨別裝神弄鬼的謊言。

正確。聖經中提到人的罪源於吃了禁果，獲得了「善惡判斷力」。這種判斷力是人的智慧，而非神的智慧。簡單來說，罪就是人缺乏批判性思維、容易盲從，或因人有「善惡判斷力」而互相判斷引起糾紛，甚至血腥爭鬥（下文將詳細討論）。《馬太福音》24:11說，「且有好些假先知起來，迷惑多人」。最危險的是相信那些能夠預測未來、構建人類發展理論甚至改造世界觀的「異人」。所謂人禍比天災更甚，就是這個原因。

問：事實上，有些理論和道理也聲稱對人類有益，或將會帶來貢獻。《約翰福音》14:6-7說：「我就是道路、真理、生命；如果不是借著我，沒有人能到父那裡去。如果你們認識我，就必認識我父；從今以後，你們認識他，並且看見了他。」這樣向別人介紹自己及其思想幾近瘋狂，絕大多數人如何能接受？

是的，實際上耶穌這樣介紹自己也付出生命代價（下文詳述）。謊言與真理往往只有一線之差。人要具備獨立人格精神，善於判斷和選擇，不要人云亦云。神的啟示是針對個人，不要輕信神啟示對所有人都有益，否則你很可能誤信、追隨假先知。真正對個人有益的道理，往往難以被接受，更難以深入人心。假先知領導的組織內部氛圍友善、歡快，眾人滿口頌贊，但從那裡能夠真正達到彼岸的人很少。因此，我們應該小心謹慎，以批判性思維去評估那些聲稱有益、有意義的事物。在此我們可以借用股神巴菲特的話提醒自己：「別人恐懼時貪婪，別人貪婪時恐懼」；《馬太福音》7:13也指出：「你們要進窄門，因為引到滅亡的門是寬的，路是大的，進去的人也多。」就是這個道理。

第二節　神在歷史中

問：你剛才提到，相信「責任公司」概念真切性就是有神論者，這是否意味著泛神論？

如果你認為基督是神的專用詞，那麼可以批評為泛神論。實際上，我們還可以根據對神奧祕的不同解釋或某些神學觀點，批評別人是「自然神論」、「基要主義」或「某派」。如果基督是神的專用詞彙，那麼討論將集中在對神權威的認識上，圍繞真偽進行相互指責、

點評、批判，引發紛爭。從第四世紀中期基督成為羅馬帝國國教，到啟蒙運動和宗教改革之前的千年歷史，充分說明了這個慘痛教訓：贖罪券、宗教裁判所，以及偉大的科學家哥白尼和伽利略因被指控妖言惑眾而遭被判火刑。會眾盲目崇拜神權威，而權威的存在往往導致腐敗。爭奪對神權威的解釋實際上是爭奪私利，使人類文明進入黑暗的中世紀。馬丁·路德曾說：「人皆祭司」，神是誰，祂可以為你做什麼，完全取決於個人的經歷和體驗。那些試圖指正別人如何判斷和瞭解神的人，不僅浪費自己的時間，也誤人誤己。一旦對真理的解釋落入「權威」手中，並配以大眾膜拜，「真理」便成了阻礙進步的毒藥，對個體而言是心靈束縛，對人類文明則是退步。所以，我們不應妄斷別人對神的態度和觀念。

問： 舊約中有許多讚頌神無限大能力，引領猶太人十二支派走出埃及的記載。神自始至終解決了許多他們面臨的各樣困境，但為何仍有以色列人不信神？去迦南地距離不遠，卻走了四十年，還是第二代以色列人最終經艱苦奮戰抵達上帝的應許地，為什麼會這樣？這樣捨近求遠的征途，真如大多信徒所稱神在考驗人的信仰意志嗎？

根據舊約記載，只有摩西及其繼承者約書亞在極少數場合中與上帝（神）直接見面。他們在見面後，描述神的形象為炫目的白光和烈火。摩西和約書亞及其極少數親信，成了描述神及其形象的權威。人們對神的想像主要與祂的「十誡」和律法有關。當神說不能拜偶像時，神就是靈，沒有特定的形象。討論神的形象，實際是在討論祂通過利未人摩西轉達其對人的訓諭和道德教化。

對於舊約五經[5]的作者，雖然尚無確鑿證據證明是出自摩西，但

5　《創世記》、《出埃及記》、《利未記》、《申命記》。

可以推斷書卷的內容由利未人，或與利未人持有相同世界觀的人所寫。《利未記》提到，只有利未人才有資格擔任祭司，壟斷對神的訓示和形象解釋權，祭司才有權處理拜神的祭品[6]。舊約時期與現在不同，人們的生活極度依賴物質條件（食物）。由於祭司有權處理祭品，他們位於利益階層的頂端，緊接著是牲畜屠宰人、祭品檢驗與買賣者，這些人之間的利益私相授受。可以推測那時食利階層，大多是利未人或其獻媚者，而其他支派則處於利益底層，獲利甚少。

以色列人逃出埃及前往迦南，沿途為了避開強敵繞道無人區。無人或人煙稀少的地區意味著食品短缺，加深了底層其他支派對食品分配不公的擔憂、埋怨和不滿[7]。人心不穩、不聽號令、走走停停，往前走的速度必然緩慢許多。另一方面，人性總是趨求安全和舒適生活環境，所謂「心安是歸處」，第一代以色列人出自埃及，在那裡儘管為奴隸但有固定居所，只要對主人賣力總會有穩定食品及生活資料供應；出埃及至曠野風餐露宿，由於不安定生存環境，難免想走回頭路重過往昔的生活，去迦南路上就會思前想後，卻步不前。待到他們第二代出生後，從小曠野長大，早厭倦這種不安穩生存狀態，為了得到充滿奶蜜的迦南地，必然奮勇向前。可見，第一代出埃及的以色列人和去迦南地的第二代，其終極追求的目標同樣是安全、穩定的生活，前者猶豫想回到過去，後者已無退路只能向前，這些就是以色列人在曠野四十年後，始進迦南的原因。

舊約中有許多對人不堅信上帝耶和華的指責，這些顯然出自利未

6　《申命記》18:1-8。

7　《民數記》11:4-6，「他們中間的閒雜人大起貪慾的心．以色列人又哭號說，誰給我們肉吃呢．」；「我們記得在埃及的時候不花錢就吃魚，也記得有黃瓜、西瓜、韭菜、蔥、蒜。」；「現在我們的心血枯竭了，除這嗎哪以外，在我們眼前並沒有別的東西。」

人，或其支持者。是神抱怨人，或是利未人抱怨人的結論躍然紙上。以前多神教的埃及社會可以提供穩定的食物供給，信唯一神的曠野生活居無定所，再加上底層因利益分配不公多有怨言，這樣的生活現實難免產生對耶和華的埋怨，離神而去的可能性極大，利未人對此指責也是事實。聖經的記載非常有趣，它真實展現了上古時代神與人之間的關係。神的真理解釋由權威掌控，神因此而可能變得腐敗，這時神真理變成了束縛人的枷鎖，人就會離神它去。在中世紀，特別是文藝復興時期，民眾也同樣產生對神權的懷疑，並伴有推翻教皇的運動[8]。

問：在一世紀前後，即羅馬帝國初期，人們是如何看待神的？人可以被稱為神？

一世紀前後，羅馬帝國是一個希臘、羅馬文化多神論國家，希臘有將人神化的悠久歷史。羅馬人可能受希臘人的影響，人和神之間沒有不可逾越的界線。傑出的君王，如尤利烏斯·凱撒，偉大的戰士，或行為高尚的人都可能被稱為神。我們可以從義大利古羅馬帝國石碑或遺址中，看到許多對羅馬皇帝如神一般敬拜的記載。天使和神，在當時人們的想像中幾乎沒有太大區別。一個凡人做了對大眾有益的貢獻，首先可能被稱為天使，隨後其故事通過廣泛傳播最終成為神，這樣的例子屢見不鮮。

人們將耶穌視為一位老師、拉比、先知，甚至是一位宣揚和平主張的彌賽亞[9]。這可能就是一世紀耶穌的形象。塔西佗（55-120）在《編年史》中淡淡地寫道：「他們的創始人基督，在提比略當政時

---

[8] 雅各·布克哈特（Jacob Burckhardt, 1818-1897）：《義大利文藝復興時期的文化》（*The Civilization of the Renaissance in Italy*）。

[9] 彌賽亞來自於希伯來文משיח（moshiahch），與希臘語詞「基督」（christos）同義，直譯為受膏者。確認此人是上帝所選中的人，將可以成為君主或是祭司。

期，被皇帝的代理官彭提烏斯‧彼拉多處死了。」並稱羅馬政府認為：「基督是種有害的迷信。」直到第四世紀中期，為了羅馬帝國政權的穩定，君士坦丁主持了尼西亞等一系列會議，才將基督教確定為羅馬國教。從此，耶穌基督一躍而成為三位一體的上帝。

問：耶穌由童貞瑪利亞所生、受死以及復活的故事，是基督徒耳熟能詳的神跡。然而，這些故事在當時是否也能被廣泛接受？

在耶穌基督出生年代，希臘和羅馬多神教都是主流文化思想，人們對神話故事深信不疑。幾乎所有傑出人物都被認為是某個神的後裔，神與凡人的結合在傳說中司空見慣。據記載，朱庇特神與數百個女人交合，產生了數百位神祇。這類故事既不令人感到新奇，也不讓人覺得不潔，異教徒和神話學家欣然接受這樣的傳說。然而，猶太人信奉一神教，從不創造這類人神交合的故事。耶穌由童貞瑪利亞所生的故事，可以吸引多神教背景的外邦人相信其真實性，童貞瑪利亞的身分證明其並未與神交合，這樣的介紹有可能讓頑固的猶太人容易接受耶穌的出身。

Bart D. Ehrman 在《耶穌怎樣變成神》(《How Jesus Became God》)中提到，古埃及傳說裡，Apollonius 的母親在懷孕時見到了智慧之神 Proteus。她問 Proteus，未來的孩子會怎樣？Proteus 回答，「他就是我！」在 Apollonius 生命最後階段，他的智慧主張雖然合理且公正，卻被認為威脅國家福祉而被判死。他死後，出現在懷疑他復活的信徒面前（類似聖經中的多馬[10]），最終使該信徒相信他已復活。這類故事自古以來便存在，因此耶穌的生、死和復活故事在當時能夠被接受的可能性非常大。究竟是誰借鑑了誰，這要留待考古學家來論證。

---

[10] 《約翰福音》20:27，「就對多馬說，伸過你的指頭來，摸我的手。伸出你的手來，探入我的肋旁。不要疑惑，總要信。」

問：耶穌被認為是神並不難理解，難怪他的故事可以一代代傳頌下去。

是的，神在歷史中是一個概念，會因歷史的發展而變化。N.T. Wright 在《神兒子的復活》（ The Resurrection of the Son of God ）中探討「基督復活」議題，令人感興趣的不是如何科學考證耶穌「復活」，而是作者根據歷史記載，不同年代的人如何看待「基督復活」的定義和觀念。這是人對「復活觀念」在不同歷史時期的認識和見證。上古年代，猶太人相信神造人，神既然可以給予人一切，活著就是相信對神的盼望，鼓勵人們嚮往豐富美好的物質生活。而現代人相信神造人，神給予人一切，人應有人人平等的信念。除了神，任何人或組織都不可以隨意剝削和掠奪人的生命及神賦予的權利（也稱為人的自然權利），這樣的神觀帶出了聯合國「天賦人權」宣言。人對神的感悟，神對人的意義，在不同歷史階段有不同的見證，反映了神學觀點不斷完善發展，以適應社會變化。這個關係可以借用余英時的著作名「歷史與思想」來解釋，再貼切不過了。

問：你對神的解釋似乎在否定基督徒心目中對耶穌基督的形象。把神說成是普通人，因為大眾廣泛接受和傳播才成為神。

我是在尋找歷史中的耶穌基督。他主張世人都是上帝的兒女，人人平等，以愛為相處之道。這樣的觀念出現在西元一世紀初森林法則和弱肉強食的社會中，這不是驚為天人的神傑作嗎？我們怎樣稱呼他偉大都不為過。我們還需要不斷重複強調他由童貞女所生、行神跡為人治病的故事，以此加持他是神的身分嗎？聖經新約中耶穌說：「注意我口中的話[11]，不要因我行神跡而信[12]」，難道我們忘記了？

11　《馬太福音》4:4，「人活著，不是單靠食物，乃是靠神口裡所出的一切話。」
12　《馬可福音》5:25-43，「耶穌切切的囑咐他們、不要叫人知道這事，又吩咐給他東西吃。」

把西元前記為 B.C.（Before Christ），西元年記為 A.D.（Anno Domini, Latin for "in the year of the Lord"）。把耶穌出生年稱為西元年，可能源於第四世紀基督被尊為羅馬帝國國教之後。雖然不清楚為何將西元曆法與耶穌出生日期扯上關係，但當我們思想耶穌主張普世愛消融一切誤解與紛爭的真理時，這種曆法計算非常合理：這是開啟人類文明進步的始年，耶穌值得被人稱為神。

問：你的意思是，古時的人因對社會做出貢獻，且這些貢獻的故事不斷廣泛傳播，因此他們被稱為不朽的神，但現在我們都因祂奧祕、完美和大能力，可以為我們帶來快樂生活而信神！

將耶穌的出身、受死和復活描述成上帝的奧祕，並將其與遙遠的古代傳說相聯繫，這是古代人使人信服上帝故事的語境和信仰文化背境。我只是試圖真實還原古人宗教信仰的歷史沿革和他們的思想方法，用神祕來加持某人偉大的思想方法。這種方法論並不損害我對耶穌基督的尊重和崇敬。我相信基督思想的現實意義，而不是因為祂的神祕吸引我嚮往基督。

我再舉一個例子，現代對幼兒的啟蒙教育多從童話故事開始：獅子是正義的化身，豺狼則是貪婪和惡毒的代表，綿羊不懂世事，顯得軟弱無助，需要被教育和引導。為了啟發小兒辨別是非善惡，這些動物被賦予人類的思維和對話能力。成年人會否因此質疑這些故事荒誕不真實？又是否會因此另開闢育兒方法？小兒也知道動物園裡的動物不會說話，奇妙的是這種育兒方式，在過去兩百多年一直行之有效。那麼，這與聖經通過神話故事描述基督真理是否相似？如果我們對基督的信仰是因為這些神話故事真實可靠才被吸引，那麼我們的智力豈不是連小童都不如？

我們所信仰的神，是有倫理道德真理的神，而不是神祕不可理喻

的存在。奧祕是真理的對立面，真理從不會將自身歸納於奧祕之中。強調真理源自奧祕的神，就像在真理之上加上一層沉重的迷霧，於現實沒有啟示意義。

問：明白了。一直以來我被告知，神是奧祕，有無限大能，憑人的思想無法理解神的作為。從而確立人不如神，人不可能成神，在神面前要畏懼低微，時刻保持敬虔和悔過認罪的態度。在我想像中神就是看不見、超然物外又無所不能。

神真那麼難懂嗎？我們不能用理智去思考祂？人是神按祂模樣所造就，實際上已充分解釋了人可以用其智慧思想和認識神，可以與神建立關係。信仰、愛神並付諸行動需要感情投入，這種投入確實不需要條理清晰的分析和理論支持，就像戀人很難清楚地表達為什麼愛對方一樣，這是個人無法用言語表達的獨特體驗。但我們不能因此說，不認識對方，不知對方的性格和脾氣。所謂「神奧祕、無限大能，人無法用智力理解神的作為」，這是對人保持謙卑態度的提醒。告誡我們在認識神或事物時，應該避免自我中心，承認我們無法全面認識神。這是對自身知識、智力有限的承認，不應妄下結論，認為自己正確認識神或事物。人並非無法理解神的奧祕，而是無法完全理解，就正如我們不能結論稱全面瞭解事物真相一樣。人於世上，憑藉所能理解或進一步學習能理解的部分就足夠了。人與神建立關係，在於人能瞭解神所能向你展現對你有實際意義的部分就可以了，而不是非要被別人好評為全面、準確和完滿地瞭解神，也不是別人告知或指導神的奧祕應是什麼。實際上，正如康德提出的不可知論，人無法全面理解神。下文我將進一步探討此話題。

問：這似乎涉及如何研讀聖經的問題？

信仰不建立在歷史資料上，經文並不總是敘述歷史真實發生的事件。信仰是一個形而上的議題，建立在觀念的確立上，這是基於理智觀察事物、矢志不渝熱愛並相信「不可見之事」。這是基督思想與哲學的關係，我將在下文討論。

如何理解聖經中的故事真實性以及基於故事內容所釋出的神道理？如何辨識神的啟示，特別是針對個人的啟示？神的啟示在現代社會有何意義？我們應避免因不恰當的理智發揮造成自我中心，對聖經錯誤理解以及對神意志的僭越，這些都是在研讀經文時必須關注的重點。

問：神的啟示是針對具體個人的啟示？

是的，這是個人對神的認識。神的偉大和無限，可以理解為宇宙中所有生物和非生物、可見和不可見、物質和非物質的總和。當你在談論自己思想靈性的問題，亦是在思考和探討與神關係的問題。人有多複雜的心智，神也一樣，人對神的理解，僅限於其中某一個側面。與神同行就是人可以有像神一樣的思想，可以表現出神某些特質。這與生於馬槽的耶穌相似，只不過耶穌主張「愛」惠及全人類，而你的神表現可以救贖自己的心靈。我認為，「能改變自己，使自己變得更好，就是神對個人啟示產生的神跡。」人不可能無所不知、無所不能。人對神的認識是個人獨特的體驗，因此神對人的啟示也是獨特的。我們只能通過神所創造的一切（自在物）來瞭解神本身。我們無法知道任何一項事物的具體真實概念或本性，只能通過其屬性展示出原理或規律來逐步理解。如果我們沒有能力全面理解某件事物的真實本相，那麼對上帝的力量究竟有多麼強大或無限也就無從知曉，也不可能確切知道上帝的智慧究竟有多大。實際上，我們所知，神對人的

啟示也只能算是人對神某個側面、片段的部分體驗。如果神對人啟示了什麼普遍真理，這道理可算是其中之一，時刻警醒人不要妄自尊大對任何事情作主觀臆斷。

問：你剛才說，讀聖經不需要按史實考察神話故事的真實性。但很多人在判斷事物時，總傾向於以聖經對該事的倫理道德教導作為判斷標準，否則就不算是一個好基督徒。

這正是耶穌批評法利賽人的律法主義，把聖經絕對正確、律法化，並「理智」地探求聖經的「真相」。例如：這段經文歷史上是否這樣說？為什麼與我現在理解的倫理觀念不一致？他們往往未經情境化過濾，生搬硬套聖經的話語。兩千多年前，猶太人和羅馬帝國文化、思想智慧成為現實行動的指南。他們往往忘記了時代變遷會帶來思想文化乃至風俗習慣的變化，這一切都會深刻影響人類的倫理道德觀念。

道德律法主義就是依據律法行事，誰擁有律法的解釋和最終裁決權？是某個大人物，還是因文化、風俗習慣而形成的公眾輿論？耶穌對這個問題提出了上帝之問：「誰有資格用石子打死這淫賤之婦[13]？」沒人有此資格，意思是沒有人有裁決倫理道德的權力。

第三節　神的意志

亞當・斯密在《國富論》[14]中提出「看不見的手」概念，認為它主導並影響市場和社會發展。這一概念可視為「神意志」在現實世界

---

[13] 《約翰福音》8:7,「他們還是不住地問他，耶穌就直起腰來，對他們說，你們中間誰是沒有罪的，誰就可以先拿石頭打她。」
[14] 亞當・斯密（Adam Smith, 1723-1790）：《國富論》（The Wealth of Nations）。

中的具體表現。神意志作用於世間的一切，無論是可見或不可見的事物，甚至個人的行為：沒有明確的原因，漫無目地為生存和發展而各自為戰，其結果往往超出人類的意識和理性理解能力。

神意志並不涉及對錯、善惡、幸福、快樂、痛苦或災難的評判。人們因無法完全理解這些現象，稱之為神奧祕，而神意志恰恰就是奧祕的體現。對於奧祕，每個人的體驗各不相同，在同一事件中，人們可能會有截然不同的感受，有人歡喜同時也有人悲傷。「各自為戰」強調了個體在自由意志（神對人獨特啟示）驅動下，獨立發揮自己的作用。

問：神意志被稱為奧祕不為人知，這是什麼意思？既然不為人知，這奧祕對人有什麼意義？神怎樣向人展現祂意志？我們如何認識祂？

神意志是指神的願望和希望實現的要求。所謂的「奧祕不為人知」是指人們對神的意志理解缺乏共識。你可能認為自己明白了神的意志，但這並不意味著他人也有相同的領悟。個人的理解並不能成為對他人權威的解釋或定論。我們對神意志的認識本質上是一個方法論、也有時間性的問題。正如經濟學家用不同的經濟理論模型來解釋「看不見的手」的市場行為，誰能說自己的理論被大家普遍認可並一貫行之有效呢？歷史證明，某些理論在特定時期內行之有效，但並非永恆不變。例如：凱恩斯經濟學在一九三三年羅斯福新政期間取得了成效，但如今已不再流行。因此，這裡的「不可知」只是表達人們對神的意志缺乏共識，缺乏共識並不意味著對個人沒有意義。神的意志主要是向個體展現，祂對個人具有現實的積極意義。將神的意志置於高不可攀完全不可知之地位，使個人對神的仰慕毫無現實意義。如果神完全不可知，甚至說，人不可以思考祂的作為，那麼談論神的意志又有什麼益處？

加爾文在《基督要義》中強調「認識自己，認識神」，清晰地論述了人與神的關係：你可以通過認識自己（真實自我）來認識神，或是通過認識神來認識真實自我。這一道理也適用於人對神意志的理解，並反映了一個真理：神在每個人心中並沒有統一的形象標準。你不需要他人告知或教導來理解神，也不需要他人指導來獲得神的賜福。神對你的態度取決於你如何認識自己、認識真實自我。

　　神是靈，人的身體是神靈的載體。祂通過人的表現來證明祂的存在和祂對人的造就，這被基督徒稱為「榮耀神」來展現神的丰采。能夠榮耀神並不只是依照聖經所述的倫理道德標準去行動，因為這些標準是兩千多年前的產物。人獲得別人悅納、接受，並不意味神也同樣表示欣賞他的作為。聖經中有許多故事說明了這一觀點，耶穌批評法利賽人偽善就是一個很好的例子。我們必須牢記，神是靈，祂通過世界萬物的變化發展和人的行為來展示祂的存在和意志。沒有絕對的對錯標準，所謂對錯標準的判斷都是人所設定。正如聖經在《創世記》中說，人因吃了禁果而產生了所謂智慧判斷，這些不符合神意志的「人的智慧判斷」稱為罪。

　　神已經啟示我們，要想得到祂思想意志，人應回歸到原初亞當和夏娃的狀態。只有這樣，人才能體現出按照神形象所造的那個人。回歸原初並不是現代人理解的單純或缺乏思想智慧，而是人應當回歸真實自我。一個真實自我有神的形象，他能夠生活在伊甸園中。約伯、亞伯拉罕和雅各便是原初的亞當和夏娃，他們都得到了神的庇護，體現了神的意志和榮光。下文將詳細敘述這些人物的故事。

第四節　十字架神學

問：耶穌說，信祂的人，必背起命運十字架；另一方面，祂又說，與祂同行得喜樂。這不互相矛盾嗎？

耶穌宣揚的普世愛信念，與一世紀弱肉強食的主流社會思潮格格不入。他在別人面前談論「愛」可以解決一切社會問題，當然不受大眾歡迎。這就像在現代商業社會中，你告訴別人「錢不重要」，能說服他們嗎？你可能會被視為傻子而遭到唾棄，耶穌就是受到這樣的待遇。「背起十字架」是神的啟示：真理在首次出現或被提出時，常常會受到傳統習慣的攻擊，真理的宣揚者可能會遭到公眾的圍攻漫罵，耶穌被釘死在十字架上就是一個大概率事件；若一個人表現出與眾不同的世界觀和行為，尤其與傳統文化價值觀相悖時，他必然會受到他人或公眾輿論的非議，這種孤獨和焦慮就是命運的十字架。

問：那怎樣才可能有神的品質得喜樂？

我們可以關注那些得到神祝福的人物：亞當、夏娃、亞伯拉罕、雅各和約伯。這些人都有一個共同特點：雖然個性不同，但都有純真個性，都反映了他們真實自我。能夠活出真實自我的人，便會得到神的護佑和祝福，神一定會有求必應！真實自我必然是一個具有獨立自主思想、獨特獨行的人。

問：這樣的人不是要背起十字架嗎？何來快樂？

當你理解了背起十字架的道理後，你還會為此擔憂和焦慮嗎？剩下的就是你與神獨自溝通，享受內心平靜和祂的賜福，這當然是與神同樂的事了。

問：哦，明白了！背起十字架是因人類陋習品性產生的結果，有了這個神啟示，人可以不背這個十字架或輕鬆地背起這個十字架，是這樣嗎？

是的。能正確認識痛苦就能脫苦。我們需要釐清聖經中不同神諭，否則越讀聖經越感到困惑。

第五節　神再來

人神分隔不體現在人不能有神思想意志、靈性，而體現在人要有神靈性，就不能有普通人思想智慧，應有神的思想智慧。人與神思想智慧的區別在於「罪」，神沒有罪，因為神不對事物妄下結論；人有罪是因為人對事物、世界亂點評，妄下結論。《約伯記》中那四位朋友就是典型例子，下文我還會詳述。

問：基督徒口中對《啟示錄》的解釋，就是神還沒回來，我們要等祂再來，證明神的信實和信仰基督的真實可靠。

聖經神話、寓言故事的真實性體現在人與自然、人與人互動關係上。通過故事，相信聖經對人心靈的闡釋就是基督信仰的有神論者。這種相信並不基於科學考證人物（如耶穌）是否真的存在，或他真的具體行了什麼神跡。他是一個真、善、美的化身，他的故事也許是數個人、或一群人的綜合、集合表現。我主張用形而上的思想方法研讀聖經，這樣才能理解聖經，對於耶穌形象的觀察和領悟才會有自己思想信念和神學觀點，才能獲得神對你個人的啟示。

馬丁·路德說「人皆祭司」，人對上帝的認識建立在人與神獨自的關係上。對於啟示錄所指基督再來的盼望，兩千多年來有各種解

讀，歷史上各派信徒因不同理解而紛爭不斷，甚至你死我活地爭鬥。對於我，神是靈，當保羅成功塑造基督就是上帝形象時，基督已然復活，重臨人間！人類也是因為新約的啟示和教導讓基督信仰普及世間，使世界進入文明年代。我認為，這一認識可以解決信徒派別關於真假基督的互相指責；讓人真正理解「人皆祭司」的道理是人建立獨立精神人格的問題；也解決了基督什麼時候再來，祂再來時應有什麼條件，世界末日的描述應該會怎樣的各種爭議。

在何為正確基督信仰議題上，沒有任何人可以成為權威。承認基督已來，信徒從聖經中各自領悟真理，獨立地與神對話。因為祂已臨在人間，人可以不經第三者與祂獨自溝通。否則我們一方面盼基督再來，另一方面又承認可以與神交流，不矛盾嗎？祂不來人如何與祂對話和同行？神的臨在是個人生命體驗，不需任何第三者判斷和論證，神不是說「不斷人」嗎？

任何人都有各自的神觀點，它是基於人與神建立的獨立關係之上，神對他／她有獨自、個性化的啟示。其他人對他／她這樣的神觀點，不具權威性判斷，無權質疑、宣判其對或錯。我們不能因湯瑪斯·潘恩[15]聲稱的神觀點，說了質疑耶穌基督的話，就說他是無神論者、偽有神論者，或被標籤為自然神論者。我們也不能因為湯告斯（Tom Cruise[16]）聲稱自己是摩門教徒，而非議他誤信上帝。這樣的偉大人物毫無疑問對於上帝信仰是真誠的，他們只是誠實地告訴大眾神對他啟示了什麼。你是否接受是個人的事，但聲討和指責他們對上帝信仰錯誤是荒謬的，他們都在神啟示下對人類做出了貢獻。毫不懷疑，有人相信了所謂正統基督信仰，過上他自己認為與神同行的快樂生活。但他們不能基於自我體驗去判斷別人的神觀點，這需要包容。

---

15 美國開國元勳之一，著作有：《常識》、《人的權利》、《理性時代》。
16 好萊塢著名電影明星。

宣道運動創始人宣信[17],「看重的不是教義分歧,而是人對上帝的領受。在上帝看來,只有一種基督徒,就是重生、得救、愛主。天上沒有宗派,只有被基督救贖的人。」陶恕[18]的認識與宣信「救贖人人可以得到」如出一轍。宣信是有感於各基督門派信徒不平等待遇而創造聯合宣道觀念,而陶恕推而廣之至天主教甚至東正教大聯合宣道運動。對比今天,我們常常聽、或見到各教派彼此斷判、指責對方誤傳聖道,採取不合作和排斥態度,宣信和陶恕以上觀點對目前基督社會是個非常重要、有意義的啟示。

17　Albert Benjamin Simpson (1843-1919).
18　Aiden Wilson Tozer (1897-1963).

第二章
基督與哲學

導讀：基督恆久、完美概念源自柏拉圖理型論，這是經典哲學對事物演繹方法。我們說基督式上帝不迷信，因為對祂的描述來自古希臘哲學理論。

第一節　歷史與思想

問：我經常聽到基督徒說，人不能用自己的思想去想像神的事情。這個「事情」具體指哪些，可以告訴我嗎？

　　這確實是一個不易解釋的話題。即使盡我所能表達，也無法完全說服別人接受我對神「事情」的理解。道成肉身的基督，意思就是基督有人的屬性，人可以用其思想智慧想像基督，其奧祕並非不可被人理解。奧祕的定義，在於人們對神的認識缺乏統一標準和共識。基督信仰是個人的信仰，加爾文曾說，認識自己就是認識神。不能清楚認識自己、對別人也不瞭解，怎能詳細講解神的道理和祂的「事情」？因此，我只能分享我對神「事情」的認識，而不能聲稱我的理解是唯一正確。沒有統一認識就是統一認識，這是基督徒應有的思想態度。所以，人在神獨特啟示下，可以思想神的事情，但大多時候不能使別人接受或相信其對神的思想結果。

問：怎樣瞭解基督的神性？

　　瞭解真我就是瞭解基督神性，肉身的自我就是聖經所稱「世人的

我」,「新造的人」[1]是與神同行,凡事有愛的真我(下文詳述)。我現在跟你討論基督,是以人的思辨考察自身基督的神性。在日常生活中,我們也可以通過生活現實思想基督的神性。例如:積極學習、瞭解如何使用人工智慧,享受最新科技帶來的便捷生活,展現追求物質、精神發展的生命活力。在這過程中我們可尋找到造物主的偉大創造,體驗祂超越無限的能力。一個能活出人性與神性和諧統一關係的人,有道成肉身基督的形象。

人對神的認識本質上是一個歷史與思想的問題。

問:歷史與思想的問題?

是的。在猶太人出埃及時期,人們認為,神是風調雨順和天災人禍的締造者;人禍或福祉,既取決於神,也依賴於人對神的信服程度。如果人對神信服和敬仰,神便賜福人,助其擊退強敵[2],否則,便會以天災人禍懲罰人[3]。以色列人共同信神,目的是團結族人一致對外,擴展生存空間。

問:在一世紀時人對神的態度是怎樣的?

一世紀時,曾經是大衛和所羅門王統治的猶太地已分為南北,皆成為羅馬帝國的殖民地,具體管治以色列的是希律王,這一政權與羅馬帝國合作,並受後者管制。此時,信神的盼望不再可能像舊約時代

---

1 新造的人概念出自《哥林多後書》5:17,「若有人在基督裡,他就是新造的人,舊事已過,都變成新的了。」指有基督(神)思想意志的人。

2 《申命記》7:2,「耶和華你神將他們交給你擊殺,那時你要把他們滅絕淨盡,不可與他們立約,也不可憐恤他們。」

3 《民數記》21:6-7,「於是耶和華使火蛇進入百姓中間,蛇就咬他們。以色列人中死了許多。」;「百姓到摩西那裡,說,我們怨讟耶和華和你,有罪了。求你禱告耶和華,叫這些蛇離開我們。於是摩西為百姓禱告。」

那樣大張旗鼓地「殺盡異教、奪取土地」，否則將被視為對羅馬帝國的叛亂。

問：當時沒有人主張反對羅馬帝國殖民嗎？

有的。由於羅馬和希律政權的現實存在，猶太人對上帝的反思、盼望和信仰形成了不同的派別，如法利賽人、撒都該人、艾賽尼派、奮銳黨人等。法利賽人主要是中下階級拉比與學者，專門為群眾詮釋律法；撒都該人較為保守，他們屬於環境適應力較強的祭司，主要來自較富有的地主家庭，與政府合作，是現實獲得利益者；艾賽尼派主要由祭司組成的運動團體，不與聖殿當局合流，是避世者；奮銳黨人則聲稱自己是拯救以色列的彌賽亞，主張武裝抵抗羅馬政府。各派信徒對神的想像和期望不同，得到政治權力支持的派別自然成為社會主流信仰，因此，人對神的認識是一個歷史與思想的問題。

問：耶穌屬於哪一派？

耶穌受洗於施洗約翰，後者對物質的追求類似艾賽尼派。他在曠野傳教，「約翰身穿駱駝毛的衣服，吃的是蝗蟲和野蜜」[4]，呼召人悔改，重新歸信上帝耶和華。約翰死後，耶穌繼承了約翰的做法，仍然要人悔改，並宣稱此資訊來自天父，悔改可以帶來心靈救贖。然而，耶穌的生活方式與約翰不同，他不常禁食[5]，呼召活動時避開公眾聚集[6]，採用串門的方式[7]。他比施洗約翰更反對法利賽和撒都該人，稱

---

4 《馬太福音》3:4。

5 《馬太福音》9:14，「那時，約翰的門徒來見耶穌說，我們和法利賽人常常禁食，你的門徒倒不禁食，這是為什麼呢？」

6 《馬太福音》14:22，「耶穌隨即催門徒上船，先渡到那邊去，等他叫眾人散開。」；15:39，「耶穌叫眾人散去，就上船，來到馬加丹的境界。」

7 《馬太福音》10:11-12，「你們無論進那一城，那一村，要打聽那裡誰是好人，就住在他家，直住到走的時候。」；「進他家裡去，要請他的安。」

他們是毒蛇[8]，並告誡人們要時刻提防他們[9]。耶穌宣稱自己是天父的兒子[10]，擁有審判和解釋一切的權柄[11]，來世上是為了成全律法[12]。這些主張與傳統猶太律法[13]、價值觀[14]和祭祀儀式[15]相悖，因而招致各派的厭惡和憎恨，甚至連為他施洗的約翰也對他的呼召悔改是否偏離方向產生疑問[16]。

問：我研讀經文，發現耶穌的呼召悔改，是對當時猶太公會及主流社會意識的反動。

確實如此。耶穌的思想超前，連他的門徒都難以理解，因此他傳播的思想，必然遭到法利賽和撒都該人的圍追堵截，這也是他被政府當局處死的主要原因。

---

[8] 《馬太福音》3:7，「約翰看見許多法利賽人和撒都該人，也來受洗，就對他們說，毒蛇的種類，誰指示你們逃避將來的忿怒呢？」

[9] 《馬太福音》16:12，「門徒這才曉得他說的，不是叫他們防備餅的酵，乃是防備法利賽人和撒都該人的教訓。」

[10] 《馬太福音》11:27，「一切所有的，都是我父交付我的。除了父，沒有人知道子。除了子和子所願意指示的，沒有人知道父。」

[11] 《馬太福音》7:29，「因為他教訓他們，正像有權柄的人，不像他們的文士。」

[12] 《馬太福音》5:17，「莫想我來要廢掉律法和先知。我來不是要廢掉，乃是要成全。」

[13] 《馬太福音》9:11，「法利賽人看見，就對耶穌的門徒說，你們的先生為什麼和稅吏並罪人一同吃飯呢？」

[14] 《馬太福音》10:37，「愛父母過於愛我的，不配作我的門徒，愛兒女過於愛我的，不配作我的門徒。」

[15] 《馬太福音》12:6-7，「但我告訴你們，在這裡有一人比殿更大。」；「我喜愛憐恤，不喜愛祭祀。你們若明白這話的意思，就不將無罪的，當作有罪的了。」

[16] 《馬太福音》11:2-3，「約翰在監裡聽見基督所作的事，就打發兩個門徒去，問他說，那將要來的是你嗎？還是我們等候別人呢？」

問：我同意。耶穌的思想確實為當時猶太社會帶來了新的意識形態，稱之為「新造的人」。但他的宣召方式仍然沿襲猶太傳統，強調自己比施洗約翰和以賽亞更大的先知。這對當時建制和既得利益者構成了挑戰，也成為他被判死的原因。

是的，耶穌所宣稱的「成全律法」和見證天父耶和華上帝形象，指責猶太教會既得利益者思想守舊。其思想意識已滲透或借鑑了當時羅馬流行的主流文化，如柏拉圖和斯多葛主義。他的學識或許，也沒有合適身分或是身分不夠高貴，最終被傳統猶太人汙衊為妖言惑眾，遭到判死。

好思想需要好方法傳播，耶穌以「更大先知」的名義去宣講，必然遭到現實利益者的阻擊，其思想難以被廣泛傳播。保羅的出現帶來了全新的傳播方法，用現代語言表達，就是劃時代的行銷策略。

第二節　保羅

問：願聞其詳！

保羅出身於法利賽人家庭，精通猶太傳統律法[17]，同時也是羅馬公民[18]，深受希臘傳統文化和泛神論的影響。這身分使他能夠靈活運用希臘古典哲學、斯多噶派和犬儒主義的意識形態來改革傳統猶太信仰，向外邦人介紹耶穌身分和思想。在這方面，保羅獲得了天時、地利、人和的優勢。

對於傳統猶太人，保羅巧妙地將耶穌描述為「至高無上的萬王之

17　《腓立比書》3:5，「我第八天受割禮，我是以色列族，便雅憫支派的人，是希伯來人所生的希伯來人。就律法說，我是法利賽人。」

18　《使徒行傳》22:27，「千夫長就來問保羅說，你告訴我，你是羅馬人嗎？保羅說，是。」

王」，並宣稱耶穌基督的再現使其與上帝擁有同樣的永恆權柄[19]。這身分的描述無疑比以賽亞[20]和施洗約翰更具權威[21]，間接暗示耶穌與上帝之間有著更親密的關係，只有通過耶穌才能接近天父上帝。猶太人對他無可奈何，因為保羅並沒有直接稱耶穌為上帝耶和華。作為羅馬公民，他可以辯稱自己「不反對政府」，因此希律王和羅馬政府也無法以審判耶穌的罪名來處死保羅。

問：保羅怎樣介紹耶穌基督？

在介紹保羅宣教思想方法之前，我們先來瞭解柏拉圖的理型論。柏拉圖認為，現實存在著兩個世界：一個是具體的、變化的、可感覺得到的世界，這可見物質世界背後必然存在一個真實的本相，這個本相是永恆、固定不變的，超越人意識外的「理型世界」，是前者存在的實在來源和先決條件。人們所見的事物因感官和體驗的不同而各異，因此人們對事物的描述僅僅是部分，而非事物本身或其本相。柏拉圖的理論在一世紀的羅馬帝國中十分流行，證明當時的人相信有超越感官經驗完美和永恆的事物存在。簡單而言，這一理論的核心是：我們所見的事物是真實的，但不是真實的全部，它僅是事物本相的表象，或稱「影子」[22]。人們對事物的正確認識應當基於對其完美和永恆本相的信仰。「理型世界」的頂峰就是善，其具有最高的價值。事物是真的，是因為它們具有、或部分具有這個終極理念，或者說，它

---

19 《提摩太前書》6:14-16,「要守這命令，毫不玷污，無可指責，直到我們的主耶穌基督顯現。」；「到了日期，那可稱頌獨有權能的，萬王之王，萬主之主，」；「就是那獨一不死，住在人不能靠近的光裡，是人未曾見，也是不能看見的，要將他顯明出來。但願尊貴和永遠的權能，都歸給他。阿們。」
20 以賽亞是舊約《以賽亞書》，傳統猶太人敬服的先知。
21 猶太傳統信仰，人們都是通過先知（祭司）口述上帝神諭。
22 柏拉圖，《理想國》，所謂事物真相只是「洞穴中火光下投射的物體影子」。

們具體表現了善的終極理念。至善之理念是一切價值和真實性的源泉，柏拉圖相信，我們必須盡力去獲取關於它「善」的知識，努力去理解它。相信「理應完美」是事物永恆本相，就可論證人對事物所謂「真實體驗」不完美、有缺陷，其觀點會因時間及各種條件變化而改變。柏拉圖這個對事物本相完美、永恆概念描述，我稱為「硬植入觀念」，你只要相信這概念才可解釋人為什麼對事物觀點如此南轅北轍。「理型事物」本身完美，不完美是人的觀點和體驗，不是事物本身。

保羅在《羅馬書》1:20中提到：「自從造天地以來，神的永能和神性是明明可知的，雖是眼不能見，但借著所造之物，就可以曉得，叫人無可推諉。」這句話表明，神的本相雖然「眼不可見」，但通過所造之物（這就是柏拉圖所稱的「影子」）可以證明其真實存在。

他進一步指出：「神的事情，人所能知道的，原顯明在人心裡。因為神已經給他們顯明。」[23]這意味著，人對神的認識是與生俱來的，是人類應有的「理型」本相。

柏拉圖認為人對事物本相無法達成共識是因為每個人所處條件不同，其感官體驗各異；而保羅則認為人無法認識神的原因在於人「裝滿了各樣不義，邪惡，貪婪，惡毒，滿心是嫉妒，兇殺，爭競，詭詐，毒恨。」[24]

在《羅馬書》中，保羅也強調信仰的重要性：「因為神的義，正在這福音上顯明出來。這義是本於信以至於信。如經上所記，義人必因信得生。」[25]。在這裡，「義」指的是與神連結和同行，保羅認為這義的「理型」道理在經文中已經明確表述；只要人相信，就可以與神相連結。

---

23 《羅馬書》1:19。
24 《羅馬書》1:29。
25 《羅馬書》1:17。

保羅還寫道：「惟有基督在我們還作罪人的時候為我們死，神的愛就在此向我們顯明了。」[26]基督為我們而死這件事件，「在此」顯現了神的愛，而「現在我們既靠著他的血稱義，就更要藉著他免去神的忿怒。」[27]這表明人因為耶穌的犧牲而獲得罪的赦免。保羅在解釋為什麼會這樣，基本上也是換了個詞，重複再說一次，「因為我們作仇敵的時候，且藉著神兒子的死，得與神和好，既已和好，就更要因他的生得救了。」[28]。

那麼，相信「基督死人得義」有什麼好處呢？保羅指出，人可以「與神和好」，「以神為樂」[29]。不僅如此，信徒還可以「罪身滅絕」，「不再作罪的奴僕」[30]。因為「知道我們的舊人和他同釘十字架，使罪身滅絕，叫我們不再作罪的奴僕。」

從以上內容可以看出，保羅在教導人們思考基督身分和功業的方法論與當時主流的柏拉圖經典哲學「理型終極至善論」相似：神有最美好、至善、完美的永恆「理型」形象，一個可為猶太人、外邦人社會帶來永久繁榮，是現實版的彌賽亞；我們必須如柏拉圖提倡對終極至善追求那樣，盡力去獲取基督的知識，努力去理解祂。這個神學思想和定義「本來就是如此」、「一定是這樣」。即使有能力回到過去，質問柏拉圖和保羅為何有這樣的概念，我相信他們對於「完美」、「至善」、「永恆」和「借基督之死得義」等基本哲學和神學定義的解釋也僅止於此，都是對人觀念硬性植入方法。現化人稱為思想信仰前設法，這思想方法無法滿足現代人對理性或科學實證方法的要求。這就是人們對基督（事物）柏拉圖式演繹解讀。

---

26 《羅馬書》5:8。
27 《羅馬書》5:9。
28 《羅馬書》5:10。
29 《羅馬書》5:11。
30 《羅馬書》6:6。

問：柏拉圖稱物質世界本相完美，保羅稱，神完美，是我們理解的完美？

他們所稱的完美，不是現代人從文字表面理解的完美（perfection），而是人思想（形而上）認定物質世界、神的本相是永恆完美。人客觀實際認識和體驗的世界、或神給予他們或喜、或悲，甚至我們認為憾慣、缺陷都構成世界、神本相的完美。世界、或神「完美」這個概念不會因人如何認識、體驗而貶損。拿破崙曾說，「自然之物最是完美」，正可借用來理解柏拉圖的理型論，及見證保羅對基督的描述。這個認識對我們研讀、理解聖經很重要，神意志、形象和祂的道皆體現這樣本相完美和永恆的理論；也可解釋為何總是不能滿足人們期盼「好人有好報或壞人有惡報」的現象。

問：永恆是什麼意思？

這是思想前設，是指人認為，事物（神）本相完美定律屬於永恆性質，具永恆意義和普遍真理。這是人形而上對「永恆」的認識，不是人客觀實際對「永恆」的定義。

第三節　新柏拉圖主義

普羅提諾（約205-270）曾說，最接近上帝的是人的靈魂。唯有在靈魂中，才能與生命的偉大神祕合而為一。這一觀點表明，上帝即是靈，這與基督徒關於與神合一的教義極為相似。

問：你的意思是基督教某些教義與新柏拉圖主義有關？

確實有可能！新柏拉圖主義出現在第三世紀，我們現在所研讀第一統一版本的聖經是在四世紀中期尼西亞會議之後，經編輯修訂形成。

新柏拉圖主義在描述人與上帝的關係方面，與後來加爾文所提出的「認識自己便是認識上帝」形成了有趣的對比，表明人們一直在嘗試從自身思想出發，通過哲學思辨來探索和理解古代流傳的神祕主義。

　　新柏拉圖主義認為，我們通常所稱的「我」並不是真正的「我」。在某些瞬間，我們可能會體驗到一個更大的「我」的存在。一些神祕主義者稱這個「我」為「上帝」，還有人稱之為「天地之心」、「大自然」或「宇宙」。當「物」與「我」交融時，人們便「拋棄自我」，發現「真我」，就像一滴水落入海洋，與上帝融為一體。在這一時刻，人便與神同在，成為神的一部分，所以說，真實自我有神的形象。

問：為什麼只有在一剎那間可以體驗與上帝同在？

　　這是個好問題。我們不可能在任何時間、任何條件下、處理任何問題時都能發現真我或以真我來面對一切。新柏拉圖主義認為，任何人都可以與神同行，在靈性上成為神，擁有神的形象。然而，鑒於人的本性，人無法像神那樣永恆。這個理論具有非常現實的意義，提醒我們不要盲目崇拜即使曾做過偉大事蹟的人。

第四節　奧古斯丁和湯瑪斯・阿奎那

　　奧古斯丁和湯瑪斯・阿奎那是基督徒公認對基督教義的確立造出主要貢獻的神學家。

問：奧古斯丁怎麼說？

　　奧古斯丁（Augustine of Hippo，354-430）是第一位運用柏拉圖理型論，解釋和認識三位一體神的思想家。他在《上帝之城》中寫

道:「上帝創造世界之前,『永恆美善』已在神的心中,祂所創造的世界是完美的。」他強調,基督徒在任何時候都有一種真實可靠的安慰和絕對的希望:上帝終會進行公正的判決,拯救義人,懲罰惡人。這種希望永遠不會落空,即使在世上未能實現,也必將在死後的復活中到來。

在《三位一體論》中,奧古斯丁稱道:「如果上帝是三位一體的,那麼我們的心智或心靈也必定是三位一體。」他指出,心靈的三位一體性反過來印證了上帝的三位一體性。這三位一體性質反映在人類的記憶、理解和意志之中,三者合而為一,構成心靈的整體。

從奧古斯丁的觀點中,我們可以看到他與柏拉圖的理型論相似之處。永恆的美善「早在上帝的心中」,基督徒應當相信上帝「必定會公正判決,拯救義人」。這些關於神的概念也是「硬性前設植入」。他的三位一體神理論,論證直接與人心靈的記憶、理解和意志相連接;聖父、聖子和聖靈,這三者並不相互隸屬,是等量的神,自太初就「本來」已存在。如同人的本性與生俱來,見證人心靈屬性可與三位一體神合一。將充滿奧祕、高不可攀、難以理解的三位一體神概念,拉至人心靈之內,證明了人類的哲學思辨方法能夠探索和理解上帝。

問:湯瑪斯・阿奎那又怎樣解說神?

湯瑪斯・阿奎那(St. Thomas Aquinas,1225-1274),是義大利阿奎諾伯爵的兒子,跟隨大阿爾伯特(Albertus Ma gnus,即「偉大的阿爾伯特」)學習多年。阿爾伯特認為基督教思想家應該精通哲學和科學,他的亞里斯多德理論知識深深地影響了阿奎那。在三十多歲到四十歲初的十年間,阿奎那擔任了羅馬教廷的教授,在羅馬以及羅馬附近地區授課。可見,那時教廷也不是現代華人基督徒想像那樣,神學與經驗主義哲學楚河漢界,是截然不同的領域。事實上,亞里斯多

德／湯瑪斯・阿奎那理論仍是今天天主教學術傳統。證明我們可以用哲學理論探索神的存在和祂的真理。

　　阿奎那是一位亞里斯多德主義者，試圖使亞里斯多德哲學與基督教教義相容共存。他認為：「上帝的存在不是通過自身向我們顯示出來的，而是通過人邏輯推理證明的。」在《神學大全》中，他提到耶穌擁有一個真正理性的人的靈魂，這就是說，人可以用理性來理解神。阿奎那的認識方法論是進入亞里斯多德哲學世界，把基督教同亞里斯多德理論融合起來，建立起一個由知識論、形而上學、倫理學、政治哲學、法律理論構成的完整基督教哲學。對上帝認識可以建立在理性思辨上，而神學的基礎是由信仰帶來的啟示真理。真理只有一個，一部分可以通過理智達到，而一部分則要依靠信仰。上帝是純粹存在（Pure Act of Existence），他的本質就是他的存在。可見，他的「上帝純粹存在」觀點源自人的形而上思想，與人的主觀認識有關。一八七九年，教皇利奧十三世將阿奎那的學說定為天主教的官方哲學，他的思想理論直至今天仍在天主教教會和其宗教日常生活中扮演至關重要的角色。

問：那神學與哲學有何區別？

　　好問題，本質上都是人的思辨問題。這是思想前設的議題，如果你的思考以宗教啟示為出發點，並且有宗教信仰，那麼你的思考就是神學式。例如：你相信耶穌就是上帝兒子，他的死救贖了人的靈魂，那麼這理論就是神學。如果你認為保羅《羅馬書》對耶穌基督死、復活、十字架神學的描述來自柏拉圖理論，那麼這就是哲學。但你無論選擇何種思辨方式，都是人靈性上探索「不可見、不可知」意識外的事物，均可稱為有神論者。

第五節　斯多噶派和犬儒主義

問：除了以上各派哲學，我知道在一世紀，還盛行斯多噶派和犬儒主義，能簡單介紹一下嗎？

斯多噶派（Stoicism）

斯多噶派，由季蒂昂的芝諾（Zeno of Citium）於西元前三世紀在希臘雅典創立。該哲學流派主張通過理性來控制人類的情感和慾望，以達到內心平靜和心靈自由。斯多噶派強調個體自律、沉著和堅忍，認為人們可以通過實踐美德來實現內心的安寧和幸福。評判個人哲學標準不在於其言論，而在於其行動。愛比克泰德（Epictetus，50-135）曾說：「我們可以控制自己的觀念、慾望和好惡；而我們無法掌控身體、財產、名望和權力。」斯多噶主義者有義務為他人服務，並且應當尊重他人的內在價值。根據自然法則，每個人都是平等的，情感上不介入他人事務可讓自己內心平和安寧。這樣的思想理論，在新約聖經經文中比比皆是。

犬儒主義（Cynicism）

犬儒主義的主要思想最早由西元前五世紀的哲學家安提西尼（Antisthenes，前445-前365）提出，此後逐漸衰退。隨著羅馬帝國的崛起，犬儒主義在一世紀經歷了一次復興。犬儒派學者們，在整個羅馬帝國的城市中乞討和宣講，強調真正的幸福並不建立外在環境的優勢之上，比如豐裕的物質、強大的政治力量或健壯的身體。真正幸福的人不依賴這些稍縱即逝的東西。

犬儒主義提倡簡樸、自由和獨立，反對社會上的虛榮和道德虛偽。他們認為，人們應當過簡樸的生活，摒棄對物質財富和社會地位

的追求，轉而追求真實的自由和內心的滿足。

　　雖然斯多噶派和犬儒主義，都強調個體的內在品質和自我控制，但在生活態度、對社會的看法和哲學重點上存在顯著差異。斯多噶派更強調理性控制和對自然法則的理解，而犬儒主義則強調個體的獨立和對社會的批判。

　　耶穌和保羅同生活在一世紀斯多噶派、犬儒主義興盛時期，很難相信他們的神學觀點和主張不受這些哲學思潮的影響。耶穌曾說：「人活著不是靠口中的食」[31]，就是斯多噶派理性體驗比外在物影響更重要的道理。教導門徒以簡樸[32]的行裝出門傳道，放棄物質生活跟隨上帝[33]，批判法利賽人假仁假義。保羅則過著清貧的生活[34]，教導信徒追求一種原始的共產生活方式，成為與現實社會價值觀不同「新造的人」[35]。這些經文可能都受到犬儒主義的影響。古羅馬帝國皇帝，斯多噶派哲學家代表人物馬可·奧里略[36]在《沉思錄》中討論人生智慧，其主張可以在《馬太福音》章節中找到蹤影（詳見《耶穌死與救贖》）。

31　《馬太福音》4:4。

32　《馬太福音》10:9-10，「腰袋裡，不要帶金銀銅錢。」；「行路不要帶口袋、不要帶兩件褂子、也不要帶鞋和拐杖，因為工人得飲食是應當的。」

33　《馬太福音》19:21，「耶穌說，你若願意作完全人，可去變賣你所有的、分給窮人，就必有財寶在天上，你還要來跟從我。」

34　《使徒行傳》18:3，「他們本是製造帳棚為業，保羅因與他們同業，就和他們同住作工。」

35　《約翰福音》17:14-16，「我已將你的道賜給他們，世界又恨他們，因為他們不屬世界，正如我不屬世界一樣。」；「我不求你叫他們離開世界，只求你保守他們脫離那惡者。」；「他們不屬世界，正如我不屬世界一樣。」《哥林多後書》5:17，「若有人在基督裡，他就是新造的人。舊事已過，都變成新的了。」

36　Marcus Aurelius（121年4月26日-180年3月17日）。

第六節　基督與哲學

問：你為什麼肯定經典哲學與基督教義有緊密關係，並認定奧古斯丁和湯瑪斯・阿奎那是柏拉圖和亞里斯多德的信徒？

從時間上看，柏拉圖和亞里斯多德都生活在奧古斯丁和湯瑪斯・阿奎那年代之前，後兩者同生活在羅馬帝國時代。這個時代羅馬帝國是以經典哲學文化為核心的社會。柏拉圖和亞里斯多德理論是當時學術和思想界流行的兩種不同哲學體系：柏拉圖認為，現實世界中最高層次的事物是那些我們用理性思考的事物；而亞里斯多德則主張，真實世界中最高層次的事物是通過感官察覺的事物。

奧古斯丁和湯瑪斯・阿奎那，分別在羅馬和巴黎接受高等教育，自然熟悉希臘經典哲學，並運用這些理論來闡釋基督教教義。新約聖經最初是用希臘文寫成，早期教父們以異教徒（外邦人）熟悉的文字，介紹他們陌生的獨一真神上帝。作為外邦人，奧古斯丁和湯瑪斯・阿奎那對上帝的理解和仰望，與舊約時期的猶太人有很大不同。這種理解方法論是革命性創新，我們稱耶穌、保羅、奧古斯丁、湯瑪斯・阿奎那及早期教父們為宗教改革家。

正是由於這種改革，基督教從一開始就沒有脫離人的思維探索範圍，始終用希臘哲學對神祕思想進行闡釋。基督信仰建立在哲學思想的基礎上，因此能夠生根發芽，延續至今，並經歷文藝復興和啟蒙運動的質疑。馬丁・路德、慈運理和加爾文的宗教改革實現了耶穌所說：「我的身體就是殿」。我們不再需要摩西走出帳幕，祭司在殿堂內告訴我們神是誰。馬丁・路德強調，人可以獨自與上帝建立關係，每個人都可以成為祭司，自己認識上帝。加爾文進一步解釋，認識自己就是認識神。宗教改革理論、啟蒙運動思想事實上就是強調人的哲學思辨力。基督教從保羅開始便不再神祕，信基督不是迷信活動。真正

的基督徒並不否認哲學家對上帝的探索和見證。對於堅信神存在的人來說，哲學就是認識上帝的方法論。

第七節　基督徒聚會

問：我經常聽到基督徒說，教堂是耶穌基督的身體，是認識神的地方，也是唯一的地方。聖經中保羅書信也勸導人們聚會、團契，從聚會中認識神。

在一世紀保羅時代，能夠讀書識字的人並不多。神對人的教導主要通過口述、傳說或宣講保羅這樣的學者書信來實現。因此，人們要瞭解上帝，自然需要聚在一起，聽那些識字的人講解神的道理。到了中世紀，聖經是用拉丁文寫成的，那時也沒有多少人識字，神父成為解釋聖經至高無上的權威，人們只能到教堂聆聽神的啟示。這種局面導致了許多宗教腐敗，這一時期被稱為「人類文明黑暗期」。

在十六世紀，馬丁·路德將拉丁文聖經首次翻譯成德文，恰逢紙質印刷術發明和應用時代，從此聖經以不同的語言和文字版本普及到平民大眾，神父不再是唯一聖經解釋權威。馬丁·路德提出「人皆祭司」的理念，加爾文則強調「認識自己便是認識神」，這帶來了宗教改革。從那時起，基督教正式走下神壇，真正實現基督所說「不拜偶像」。如今，大多數人都能讀會寫，聖經及解經書籍層出不窮，還有必要唯一通過聚會來認識神？

問：萬一錯誤地認識神怎麼辦？不是說教會是耶穌基督的身體嗎？傳道人也說，正確認識神很重要，要認識神只能到教會。

正確認識神依賴正確閱讀和和切身體悟理解聖經。你敢斷定通過聚會就能正確讀經？憑什麼認定某個人對聖經的理解是正確，或唯一

正確？人可能會因為少讀經、依賴他人解經，或接受標準統一教義和定義而誤讀聖經或誤解基督。學習或模仿他人的成功經驗無疑會帶來益處，但我們應謹慎對待學習方法。若缺乏批判精神而直接借用他人的理解，你所認識的神可能是他人所理解的神。在這種情況下，你怎能與神建立獨特的關係，更不可能得到祂對你個人啟示。

在認識神的道路上並沒有唯一正確的方法。每個人都是祭司，認識自己便是認識神。你真的認識自己嗎？如果你否定自己閱讀聖經能力，就是在否定自己。一個否定自我的人，如何能真正認識自己？你口中的神，是否僅是他人理解的神？神與你有關係嗎？

第八節　思想前設

問：從希臘經典哲學理論來看，人認知事物或形成信念好像有個「錨」或稱「始點」？

是的，思想可以被視為人走路的過程，從「始點」出發，選擇不同的道路（思想進路）前行。由於「錨點」或「思想進路」的不同，最終抵達的終點（判斷結論）也會不同。思想前設的世界觀和思維方式，決定了人對事物的認識和判斷結果，這是偉大思想家們不約而同的理論結晶。這樣的思想前設，我們稱為信仰，其底層思維邏輯就是以什麼思想方法認識和判斷事物，你可以通過柏拉圖或亞里斯多德的理論來認識事物，也可以是康德式、尼采、羅素、或基督式，但沒有人可以斷言這派或那派的思想理論是唯一正確的思想方法。沒有統一的認識就意味著存在多樣的理解，事物反映在人腦內就會展現精彩紛呈的影像。這就是為什麼有信仰的人生很重要，沒有錨點的思維方式意味著對世界沒有觀點，困惑於對人對事的理解，或理解源自別人的理解結論。

叔本華《作為意志和表象的世界》[37],「意志」(WILL)就是上述所稱的「始點」,人們通過前設「意志」來認識世界。而這個世界僅是個人因「意志」所認識的「表象世界」,並非世界的真實面貌。這一理論表明,任何人都不可能成為他人思想權威,更不可能成為神的代言人。你現在應該明白馬丁・路德所強調的「人皆祭司」觀點?這反映了基督信仰是個人宗教。馬丁・路德的理論既終結了「神權威」,也為宗教紛爭提供了解決方案,為人類帶來了和平共處,現代歐洲國家的形成也得益於「人皆祭司」的理論。

前設理論證明人智慧既可靠也不可靠。

問:「人智慧既可靠也不可靠」,此話如何理解?

「可靠」,指的是智慧源於個人的世界觀和認知,因而對個人而言,判斷真實且熟悉。然而,人智慧判斷通常受自身世界觀影響,或者說我們對事物真相認識僅是事物某個片段,並不完全真實,所以,我們的「智慧判斷」不總是真正反映現實世界,或不可能總是對現實世界做出準確的反思。人是群體生物,其思想常常受到外界影響,個人聲稱「是自己獨立意志判斷的結果」,很多時候實際上是受他人影響的結果,屬於「不可靠思想智慧」[38]。正如《約翰福音》2:24所說:「耶穌卻不將自己交托他們,因為他知道萬人。」這提醒我們,多數人具有羊群心理,容易盲從,個人思想意志常常自覺或不自覺地從眾,失去了真正獨立自主精神,耶穌說迷途羔羊就是這意思。最好「牧羊」的方式是要領人跟隨神不受別人擺布,而不是要「羊」跟隨

---

37 叔本華(Schopenhauer, 1788-1860):《作為意志及表象的世界》(*The World as Will and Representation*)。

38 詳見古斯塔夫・勒龐(Gustave Le Bon):《烏合之眾》(*The Crowd: A Study of the Popular Mind*)。

牧人。盲從在聖經裡面就是「罪」，要避免盲從，人必須謙卑。謙卑使人能夠看到自身思維和認知的不足，才有可能獲得真正的智慧。真正的智慧源於個人的真實社會實踐和體驗，而非被告知或模仿他人的智慧，也不是公眾輿論所共識的智慧。

問：既然人智慧不可靠，保羅用柏拉圖理型論介紹基督是一種前設方法論，這顯然不是現代人所稱的科學理性實證方法？

　　人具有宗教靈魂自然屬性，這種現象可以比作「人為什麼要吃飯」一樣，不可以用理性回答。人類靈性如何運作，至今仍是謎。正如心理學和精神分析學，無法被量化或數理分析一樣，這些理論都是建立在假設模型之上。柏拉圖認為，現實世界中看到的一切事物僅僅是更高層次概念世界中靈魂完美原型的影子，而這些影子可能是不真實或被扭曲。相對而言，亞里斯多德則主張真實的世界就是可感知和體驗的自然界，一切認識源於自然。這就是為什麼世上對認識事物有如此多不同的哲學理論模型。時間證明，通過思想前設的方法思考神形象及其思想，符合人類的想像和思辨能力，這被稱為「想像現實」，也與自然法則相契合（見上文「責任公司」論述），這並不是迷信活動，是可靠的思辨方法。

問：我好像明白了基督為何在兩千多年來仍屹立不倒的原因。

　　你認為是什麼原因？

問：基督基本教義與經典哲學方法論的闡釋有關，是這樣嗎？

　　沒錯。正如前文所述，早期教父如奧古斯丁和湯瑪斯・阿奎那都是通過柏拉圖和亞里斯多德的哲學來闡釋基督。基督教的發展有「哲學土壤」。雖然柏拉圖和亞里斯多德的哲學原理及方法論各不相同，

甚至可能存在互相矛盾，無法準確、完整描述客觀事物真相（神），正如上文提到人無法對神奧祕有統一認識一樣。但他們的理論在兩千年來一直是各哲學門派變化發展的基本出發點，被稱為經典哲學。既然哲學不倒，基於哲學所認識的基督自然也不會倒。即使到了啟蒙運動之後，沒有一個偉大思想家（儘管他不同意，甚至反對基督教義）會忽略對聖經思想研究，因為基督思想方法與哲學思辨緊密相連。偉大的思想家康德總結道：神，正如人認識事物的本相一樣，是不可知的。不可知論並不是否定神，正如人無法認識事物的本相並不意味著這些事物不存在。相反，不可知論提醒人，要想活得有智慧，人應意識到自己所知甚少。謙卑是接納未知並見證未知的關鍵。你看，康德的不可知理論，是否與聖經說人「吃了禁果」後，以自我中心態度對事物妄下判斷的教導相似，不可知意味著不可妄下論斷。

　　康德曾寫過一本書《單純理性限度內的宗教》[39]，專門論述人如何思辨神。他與許多基督徒將神學和哲學劃清界線的觀點相反，康德從未否認神的可信性，只是指出人對神的認識離不開自身智慧的限制，神學與哲學密不可分。

　　基督教教義中提到，人皆是天父的兒女，推論出人生而平等的觀念和個人自由原則。這一推理來自哲學對基督信仰的理解，使得「個人自由的原則」成為一種內在理所當然神賜予的原則，人的自然權利原則，深刻體現了基督信仰與哲學之間的緊密關係。

---

39 康德：(Immanuel Kant, 1724年4月22日-1804年2月12日)：《單純理性限度內的宗教》（*Rel-igion within the Bounds of Bare Reason*）。

第三章
罪與靈修

導讀：罪是什麼？人的原罪始自《創世記》：人吃了智慧之果，得了判斷是非能力。神認為，這是對祂最終審判權力的僭越。靈修就是自我觀察、體驗對世界和事物的信仰和態度；認識自我、認識神是具有神智慧的開端，始能實現自我超越。

第一節　關於罪

問：我注意到很多基督徒常常提到「罪」與生俱來：追求私利被視為罪，不關心他人、缺乏愛心被視為罪，日常生活中某些自利想法和態度也被認為有罪。因為人都帶著原罪來到世上，向神祈禱時，首先要認罪，然後才是感恩和禱告，似乎「罪」的定義就是大眾所共識「完美倫理道德」的反義詞，或與基督所倡議倫理道德尚有段距離，極需修正和改進，什麼叫罪？

　　基督徒普遍將罪定義為：受造者（人）未能達到造物者（上帝）所設定的規範；罪即是不義。人只有忠實於神，才能免於罪。

問：造物者向人設定了什麼具體規範？是倫理規範嗎？這個規範是指舊約的「十戒」和新約的「八福」嗎？伊斯蘭教和佛教也有類似的倫理道德教導。如果我從其他宗教學習並遵守類似倫理道德，不就也符合基督所指示的規範嗎？

　　神所定的規範不僅限於倫理道德。耶穌還批評那些以倫理道德條

文來規範人行為是律法主義，並稱這些律法主義者為偽善者。

問：罪就是不義，那麼「義」的意思是什麼？

「義」在古希臘文中，通常翻譯為「δικαιοσύνη」，意為「公正」、「正義」或「公道」。在英文中，「義」通常翻譯為「justice」，也可以是「righteousness」或「virtue」。由此可見，義的含義與「判斷力」密切相關。因此，「罪就是不義」，意味著人缺乏如神一般，對事物有公正、公道和公義的判斷力。

問：為什麼人要忠實於神，才能免於罪？

這是因為人的公義、正義和公道判斷力不如神。約翰福音第八章，耶穌說沒有人有權判斷那淫賤婦人有罪，正是這個意思。亞當·斯密在《道德情操論》[1]中也提到，美善的判斷需要一個公正的旁觀者。作為基督徒，這個「公正旁觀者」就是神。意思就是個人、團體甚至公眾輿論皆不能成為判斷美善的標準。人沒有權利，也不可能對事物或別人行為作權威、公正性評價和判斷。「忠實於神，才能免於罪」的意思，人對事物的瞭解和觀察是不全面的，所見的「真相」僅是事實的某個表面片段，因此我們不能輕易判斷美醜、對錯或善惡。人不能斷，唯有神有能力判斷，公道自在人心就是這個道理。只有忠實地相信神具有這種能力去判斷，人才能因不相互論斷而免於罪[2]。

1　亞當·斯密（Adam Smith，1723年6月5日-1790年7月17日）：《道德情操論》（*The Theory of Moral Sentiments*）。

2　《馬太福音》7:1-5，「你們不要論斷人，免得你們被論斷。」；「因為你們怎樣論斷人，也必怎樣被論斷。你們用甚麼量器量給人、也必用甚麼量器量給你們。」；「為甚麼看見你弟兄眼中有刺，卻不想自己眼中有梁木呢。」；「你自己眼中有梁木，怎能對你弟兄說、容我去掉你眼中的刺呢。」；「你這假冒為善的人、先去掉自己眼中的梁木，然後才能看得清楚，去掉你弟兄眼中的刺。」

第二節　人的罪

問：聖經中哪裡說，人的自我判斷就是罪？

　　這是一個很好的問題，讓我們反思「罪」的真正含義。聖經指出，人的原罪，源於人吃了智慧樹上的果子：人輕信蛇的話，吃了果子後便獲得了分別善惡的能力。這種能力雖然看似接近神的智慧[3]，但實際上是人的智慧，而非神的智慧。人對善惡的判斷並不是出自「公正的旁觀者」（亞當·斯密所說），而是對神權柄的僭越。罪就是人做出不合神旨意的判斷力。離開伊甸園意味著不再受到神的庇護，人不得不自力更生[4]。人獲得判斷善惡能力後，必然受到神的咒詛[5]，意味著由於人彼此互相判斷而引發紛爭，紛爭就是神咒詛的結果，甚至有人因他人的評頭論足而鬱鬱寡歡走上絕路。《創世紀》3:14-17明確指出，人因為有「判斷善惡的智慧」而生活得很艱辛。

---

[3] 《創世記》3:5，「因為神知道，你們吃的日子眼睛就明亮了，你們便如神能知道善惡。」

[4] 《創世記》2:17，「只是分別善惡樹上的果子，你不可吃，因為你吃的日子必定死。」；3:5，「蛇說，因為神知道，你們吃的日子眼睛就明亮了，你們便如神能知道善惡。」；3:23，「耶和華神便打發他出伊甸園去，耕種他所自出之土。」

[5] 《創世記》3:14，「耶和華神對蛇說，你既作了這事，就必受咒詛，比一切的牲畜野獸更甚。你必用肚子行走，終身吃土。」3:15，「我又要叫你和女人彼此為仇。你的後裔和女人的後裔也彼此為仇。女人的後裔要傷你的頭，你要傷他的腳跟。」3:16，「又對女人說，我必多多加增你懷胎的苦楚，你生產兒女必多受苦楚。你必戀慕你丈夫，你丈夫必管轄你。」3:17，「又對亞當說，你既聽從妻子的話，吃了我所吩咐你不可吃的那樹上的果子，地必為你的緣故受咒詛。你必終身勞苦，才能從地裡得吃的。」

問：從以上來看，如果不理解罪的具體含義，常常掛在嘴邊的認罪是否算無效的認罪？

是的，無效的認罪可能只是浪費時間。自我否定的心態、否定自我能力才是最大的負效果。

問：自我否定？

創世紀中人吃禁果的故事實際上提醒我們要謙卑，避免自我中心對事物妄斷下結論，因為人的判斷並不總是正確。如果罪被理解為，人天生的倫理道德不符合神意願，總是把認罪掛在嘴邊，將神置於人不可以高攀的地位，並強調人與神分隔，不可能理解神，認罪實際上就變成了質疑自己思想行動。在日常生活、學習和工作中，時常反思覺得與「神所定的規範」尚有遙不可及的距離。當人將「神所定的規範」理解為「倫理道德規範」時，思想就會受到束縛，言行舉止會受到他人或輿論的影響。結果，人的行為規範不再由自己決定，而是處處依賴他人的評價，人的思想和行為目的僅僅是為了取悅他人，這就是自我否定的結果。

另一方面，將「罪」理解為倫理道德的缺失，思想受他人點評的影響，行為表現目的是希望獲得他人認可、或為了創造、維護自身良好形象，人因此就會變得不真實。一個不真實的人怎能與神回復和好關係？怎能恢復到亞當和夏娃那樣的純潔與真誠，回到受神庇護的伊甸園？不瞭解罪本質的認罪是無效的認罪，這意味著在信仰基督的道路上走錯了方向。

我們常說，神是信實，祂有求必應。但前提是人與神和好，像原初亞當夏娃生活在伊甸園那樣。與上帝和好的條件，就是人要回到本原，回到原初狀態不犯罪，而這個原初狀態便是真實的自我，真實自我的判斷力才像神的判斷力而不犯罪。

問：你提到對罪要正確理解，更不能將「神所定的規範」理解為「倫理道德規範」。我注意到多處經文提到「棄絕用人智慧」[6]去理解「神的事和作為」，這個「不用人智慧」是否意味著不要用人的智慧去判斷事情？

是的。

問：不用人的智慧？實際上，我天天都在用智慧和理性思考事情，這到底是怎麼回事？

人對事物的瞭解和觀察是不全面的，所見的「真相」僅是事實的某個表面片段。正如康德在《純理性批判》[7]中說，人對事物的瞭解並沒有觸及真相（本相）。既然人無法瞭解全貌，那麼人理性思考結果，如叔本華所言，僅是「表象世界」，而非真實世界。意思就是用人智慧思考和得出的結論不全面正確，不用人智慧不是「不用」，而是警醒「人的智慧」結論並不總是真實可靠，人要時刻反思、質疑其智慧所得的判斷結論。我們應拋棄非黑即白的思想觀念，事物的本相並沒有絕對的美醜、對錯或善惡。灰色即是事物的本相，灰色要求人不可妄下結論，觀察才是最佳的理性思考方法。聖經提到不用人思想智慧，要放棄俗世妄斷的思想方法，才能擁有神的思想方法[8]。

「棄絕」是「質疑」意思，不是不使用人的思想，而是呼喚批判性思維，應質疑（放棄）自己思想方法所得出的結論。理性思考不依

6　《哥林多前書》1:19，「就如經上所記，『我要滅絕智慧人的智慧，廢棄聰明人的聰明。』」

7　康德（Immanuel Kant）：《純理性批判》（*Critique of Pure Reason*）（1781）。

8　《約翰一書》2:15，「不要愛世界、和世界上的事。人若愛世界，愛父的心就不在他裡面了。」《哥林多前書》1:21，「世人憑自己的智慧，既不認識神，神就樂意用人所當作愚拙的道理，拯救那些信的人，這就是神的智慧了。」

賴人的情感，神希望人靜觀其道，而非熱情追隨，很多偏見、誤解和謬論皆因人熱情過度追尋「真相」。所以，我們有個說法，「人不應主動尋找神，因為神會主動尋找人，真相始於觀察」。捨棄世俗意味與神建立關係，不要拘泥於世俗的輿論共識，因為「共識」會隨著時間而變化。與神建立關係所形成的獨立意識和思想方法才是永恆。這是神靈性智慧，堅持對神仰望和自我靈修，目的就是觀察和領悟自己如何獲得「知」的思想方法，從而放棄愚昧、偏見和執著，我們稱此為畏懼神，這樣才可得神智慧和思想意志。我的結論是：不應以人智慧去判斷，而應以人智慧去觀察，通過觀察體驗與神的互動[9]，一個像神的智慧始於真實的自我。

第三節　律法主義

問：什麼是律法主義？

根據聖經，律法主義是一個非常廣泛且內容豐富的主題。它包括自以為義、貪圖虛榮、固守猶太人的遺訓，以行為討人喜悅、稱讚為目的，以權威自居卻曲解神的意志，誤導他人，以及憑藉律法斷事卻失去愛心和公義……。以上這些不是本節論述主題，我將從靈修和自省的角度討論律法主義。

人腦具有邏輯、辨證思辨能力，律法主義對靈性思考最大危害在於：大腦充滿了「道理」，辨證、反思結果總會找出「道理」為自己的愚蠢和錯誤辯解。常常表現為自我欣賞、或滿足理性思考帶來的不符合現實「良好判斷」、「逃避面對困難做選擇」或「沒有進取精神價值觀」，是否行動，或行動失敗，總找到冠冕堂皇理由「全都是出於

---

[9] 觀察也是現代科學研究和發明創造的方法論。

美好初心」。即使一事無成,也總能找到客觀原因和「理由」自我安慰,這個「理由」稱為律法主義。最終,人將因此產生自我否定的人格意志,不思進取,視前路為畏途,任何努力都是徒勞無益、沒有任何意義。

另一方面,「律法主義」也表現為將「道理」置於常識之上,對自然法則、社會發展規律和人際關係缺乏實踐和覺悟能力,或將道理、常識和自然律混為一談。《馬太福音》25:14-29,耶穌提到要把錢多加給賺得多的人[10]。律法主義者可能會質疑,「為什麼會這樣?耶穌不是要憐憫和關愛他人嗎[11]?為什麼反而多加給富人?」實際上,耶穌在《馬太福音》25章中所述的是自然律或自然法則。在現實中,擁有財富的人往往是那些善於管理財富的人,不是這樣嗎?憐憫和關愛他人是宣揚人際關係應有的品質,不能與自然律混為一談。

在《約伯記》中,那四位朋友也犯了同樣的錯誤,他們將約伯的不幸歸咎於他違反了「道理」。神在《約伯記》38-41章中質問他們:「你們懂得自然法則和自然律嗎?」既然不懂,人的「道理」又怎能成為判斷世間萬物是非對錯、真偽的根本依據呢。

第四節　《約伯記》

問:聖經中是否提到不用人智慧判斷而應用智慧觀察?

有的,在《約伯記》。

10　《馬太福音》25:29,「因為凡有的,還要加給他,叫他有餘,沒有的,連他所有的,也要奪過來。」

11　《馬太福音》5:4,「哀慟的人有福了,因為他們必得安慰。」

問：太好了，請詳述？

《約伯記》是一則寓言故事，講述了神的忠誠信徒約伯原本生活幸福，卻突遭不幸，兒女死亡，財產盡失，身染頑疾。書中提到有四位朋友，他們對約伯的不幸感同身受，真誠地想要安慰他[12]，但這種真誠的勸喻並不一定妥當或具有建設性。

問：我能理解你的意思。

我逐一解析約伯每位朋友的意見，你會發現這些觀點在我們生活中多麼似曾相識，甚至大多數人將其視為理所當然的生活哲理、常識和傳統的世俗共識，但在神看來卻是錯誤的，不符合神的意志。

提幔人以利法認為，約伯的信仰不堅定，未能信守神的教訓。他認為約伯對神的質問反映了對信仰的動搖，這是對神的不敬。他質疑約伯是否在行為上存在缺失，並勸誡他應相信神，認為塞翁失馬焉知非福，神的懲罰或許也是一種福氣，認識神就能得到平安[13]。

書亞人比勒達則認為，神是公義，好人必定會有好回報。他推測約伯的兒女或祖輩可能得罪了神，因此才會遭遇這樣的報應。他認為約伯不能自稱為好人或義人，這是對神的不敬，顯示約伯對神沒有謙卑態度[14]。

拿瑪人瑣法認為，約伯對神認識不足，不能明白神的無限大能力。約伯抱怨神對他不公，證明約伯未能承認自己的錯誤，不向神低

12　《約伯記》2:11-13，「約伯的三個朋友提幔人以利法，書亞人比勒達，拿瑪人瑣法，聽說有這一切的災禍臨到他身上，各人就從本處約會同來，為他悲傷，安慰他。」；「他們遠遠地舉目觀看，認不出他來，就放聲大哭。各人撕裂外袍，把塵土向天揚起來，落在自己的頭上。」；「他們就同他七天七夜坐在地上，一個人也不向他說句話，因為他極其痛苦。」

13　《約伯記》第4、5、15、22章。

14　《約伯記》第8、18、25章。

頭認罪。如果他能坦然面對自己的過失，神會赦免他的罪，並賜予祝福。神會滅絕那些自以為公義、不認錯的人[15]，因此約伯的苦難是罪有應得。

布西人則自認為是神的代言人，聲稱自己有智慧，完全理解神的意志，批評約伯與有缺失、犯錯的人交往，認為神不可能以這樣的方式對待那些人。他指責約伯對神的理解錯誤，認為約伯與神爭辯，是不謙卑、不敬神的表現，神必不眷顧他，質疑神的行為本質上就是一種惡行[16]。

你對這四位朋友的真誠意見是否感到熟悉？這些觀點正是我們常掛在嘴邊的「生活哲理和常識」，或基督徒應有的思想品質，現代版的「心靈雞湯」，這就是耶穌批評的律法主義。有多少人困惑於其中？又有多少人能夠走出這「傳統共識」的迷霧？

問：約伯如何回應？

他的回應與眾不同，證明其有獨立思想和判斷能力，不受大眾輿論和倫理道德標準影響，有神靈性的人。他的回應為我們如何看待逆境提供了寶貴的啟示：在困難中堅守信念，不否定自己。

問：請詳細說明。

約伯在遭遇不幸後，依然相信神偉大，並不因此認為神錯誤審判他[17]，表明他對神堅定信仰，不否定自己。約伯不同意那幾位朋友的

---

15 《約伯記》第11、20章。

16 《約伯記》第32、37章。

17 《約伯記》1:20-22，「約伯便起來，撕裂外袍，剃了頭，伏在地上下拜。」；「我赤身出於母胎，也必赤身歸回。賞賜的是耶和華，收取的也是耶和華。耶和華的名是應當稱頌的。」；「在這一切的事上約伯並不犯罪，也不以神為愚妄（或作也不妄評神）。」

勸誡，認為他們的意見對他沒有任何幫助，他們的是非判斷對人有害，是誤導，甚至是謊言[18]，這正是人們常犯的斷人之罪。

　　約伯堅持自己沒有罪，並向那些道德模範自居的朋友發出挑戰：「請指正我犯了何罪？」[19]：他不否定自己，也不後悔過去的選擇和生活方式；約伯明白人在逆境中，必然孤立無援，甚至會被親近的人厭棄[20]，這對信心是個極大的考驗；他意識到，那幾位朋友的意見實際上將他的不幸視為恥辱[21]，絲毫沒有幫助他走出困境，反而更進一步打擊受助者的自信心，這說明約伯對人性的理解非常深刻。

　　約伯認為，善惡必報，並不是那麼簡單的道理，裡面有許多連他自己也無法理解的問題：「我看到惡人得好報，神並未懲罰他們，而那些信神的人卻終生勞苦，至死從未體驗快樂。」[22]人對自然法則和社會輿論所謂共識的各種論斷和觀點，有誰能真正瞭解、正確解釋辨明清楚？當人不了悟自然法則，不諳世事，心中預設美醜、善惡和對錯標準，憑標準期待神（上天）能滿足他對善惡有報盼望，這就是不明白「善惡必報」的原因。約伯認為不能聽命於別人的指點，要堅持向神發問，這反映了他謙卑品質，不向命運低頭。

　　最終，約伯表達了自己的信念和對神的信心：在神面前訴說自己

---

[18] 《約伯記》13:4-5,「你們是編造謊言的，都是無用的醫生。」;「惟願你們全然不作聲。這就算為你們的智慧。」; 13:9,「他查出你們來，這豈是好嗎？人欺哄人，你們也要照樣欺哄他嗎？」

[19] 《約伯記》13:18,「我已陳明我的案，知道自己有義。」; 13:23,「我的罪孽和罪過有多少呢？求你叫我知道我的過犯與罪愆。」

[20] 《約伯記》19:15,「在我家寄居的，和我的使女都以我為外人。我在他們眼中看為外邦人。」; 16:7,「但現在神使我困倦，使親友遠離我。」; 16:20,「我的朋友譏誚我，我卻向神眼淚汪汪。」

[21] 《約伯記》19:3,「你們這十次羞辱我。你們苦待我也不以為恥。」; 19:5,「你們果然要向我誇大，以我的羞辱為證指責我。」

[22] 《約伯記》第21、24、27章。

的不幸,與祂爭辯,祂必公正對待我的申訴[23]。約伯堅持不否定自我,對過去的事情不遺憾也不後悔[24]。與神爭辯不是錯,相信「祂必公正對待我的申訴」,不否定自我,才是最大的信心。信心可以為自己不幸帶來最大的安慰,並鼓勵自己努力向前。

約伯認為,神的智慧是人應當學習的智慧,就是「堅定查究」[25],即我們現在所稱的「觀察和探索研究」,這也是現代科學研究和發明創造普遍採用的思想方法。敬畏上帝的智慧就是知道自己無知、不僭越神的意志,以謙卑態度不濫用人的智慧,就會「遠離惡事」[26]。

問:那四位朋友所說的話似乎都有道理。這些都是普遍流行的價值觀,既是生活常識,也是倫理道德標準,現在看來都不是屬神的思想。我想知道,神如何裁判他們?

神欣賞約伯的態度,批評那四位朋友恣意猜度、斷章取義神的旨意。祂鼓勵約伯像勇士一樣,大膽與神互動溝通、挑戰神[27]。並勸誡,人沒有神的能力,怎可能顛倒神的旨意和反對神?祂教導約伯保持尊嚴,堅守神對人的教導,不要自我否定,要勇敢面對像那四位朋

---

23 《約伯記》23:4,「我就在他面前將我的案件陳明,滿口辯白。」;23:7,「在他那裡,正直人可以與他辯論。這樣,我必永遠脫離那審判我的。」

24 《約伯記》27:3-6,「我的生命尚在我裡面,神所賜呼吸之氣,仍在我的鼻孔內。」;「我的嘴決不說非義之言,我的舌也不說詭詐之語。」;「我斷不以你們為是,我至死必不以自己為不正。」「我持定我的義,必不放鬆。在世的日子,我心必不責備我。」

25 《約伯記》28:23-24,「神明白智慧的道路,曉得智慧的所在。」;「因他鑒察直到地極,遍觀普天之下。」;28:27「那時他看見智慧,而且述說。他堅定,並且查究。」

26 《約伯記》28:28,「他對人說,敬畏主就是智慧。遠離惡便是聰明。」

27 《約伯記》38:3,「你要如勇士束腰。我問你,你可以指示我。」

友的指責[28]。約伯恍然大悟，要明白神的真理，認識神，就要勇於面對現實、不恥探索、靜心觀察，不畏懼所謂「神權威」，因為那些看似「神權威」的說法、道理實際上常常是謊言。只有具備這樣的獨立精神和思想態度，才能得到神的祝福[29]。

問：神對那幾位朋友，說了什麼批評的話、有何評價？

神批評他們，妄斷和評論神的意志，儘管他們說得頭頭是道好像有理，但他們理解神思想的水準比不上約伯[30]。

問：你提到用人智慧隨意判斷就是罪，神對此如何處理？

神表示不會懲罰人彼此互相判斷，也不會懲罰人對神的隨意猜度態度，更沒有因犯罪判他們下地獄。在約伯的例子中，那幾位朋友只需得到約伯的諒解就可以[31]。這證明神所稱的罪是靈性上辨別真假、是非曲直的問題。那四位朋友僭越神的意志，用人智慧判斷是非曲直，屬於人的罪。創世紀中已經明確描述：人因吃了禁果而自我中心，以為能夠僭越神的職責，代替神進行判斷，這就是人的原罪。人類紛爭的根源在於彼此判斷，解決辦法便是人之間要有愛、道歉、包容和求原諒，這就是神對人的「罪」處理意見、裁決。人必須對罪清

---

28 《約伯記》40:8-11，「你豈可廢棄我所擬定的。豈可定我有罪，好顯自己為義嗎？」；「你有神那樣的膀臂嗎？你能像他發雷聲嗎？」；「你要以榮耀莊嚴為妝飾，以尊榮威嚴為衣服」；「要發出你滿溢的怒氣，見一切驕傲的人，使他降卑。」

29 《約伯記》42:4-5，「求你聽我，我要說話。我問你，求你指示我。」；「我從前風聞有你，現在親眼看見你。」

30 《約伯記》42:7，「耶和華對約伯說話以後，就對提幔人以利法說，我的怒氣向你和你兩個朋友發作，因為你們議論我，不如我的僕人約伯說的是。」

31 《約伯記》42:8，「現在你們要取七隻公牛，七隻公羊，到我僕人約伯那裡去，為自己獻上燔祭，我的僕人約伯就為你們祈禱。我因悅納他，就不按你們的愚妄辦你們。你們議論我，不如我的僕人約伯說的是。」

晰認識，否則整天向神認罪毫無意義，反而因無故認罪養成自我否定的性格，會妨礙人的進步。

問：怎樣進行靈修？

靈修不是反思自己做了什麼錯事，或犯了什麼罪，而是以旁觀者的心態平靜觀察和理解自己如何運用理性：自己前設了什麼觀點或信念，在什麼條件下做判斷，判斷的結果是什麼；假如拿掉「前設」，更改一下「前設」，或改變做判斷的條件，是否還會有相同的判斷？或判斷將會是什麼？通過這個過程，我們能夠自我認識，辨別真實意願的我與基於世俗渴求做決定的自我。真實意願的自我就是認識神的我[32]。約伯故事表明，神隨時準備幫助人過好他們的人生，但祂的幫助不是以世人期待的方式出現。人若能回復真實的亞當與夏娃，就能回到伊甸園，得到神輔助。人的真實本性有神的屬性，展現本性便是彰顯神性，真實自我可得神佑。

魔鬼是誰？不恰當或自我需求缺乏真實適切性的欲望就是魔鬼。人七情六欲與生俱來，這種自然欲望本身並沒有對錯之分，當人對欲望設定成功時間表，並自我中心認定欲望必須以期待的方式和結果實現，這時欲望便成為魔鬼。欲望讓人產生努力的衝動和意願，享受這個過程就好。如果期待變成迫切渴求，人就會產生魔鬼般行徑，願望往往從美好開始，最終卻以災難告終。對於真實、善意、充滿愛的意願，神常常信實，即使關上了一扇門，也會在另一處打開一扇窗戶，讓人如願。

人因為別人輿論和經驗，容許自己變成自己都不滿意的樣子，這也是你犯的「罪」，因為缺乏個人獨立的思想意志，你沒有等待自己

---

[32] 《約伯記》42:5，「我從前風聞有你，現在親眼看見你。」

的經驗,而是接受了他人的經驗。當第一次親歷實際經驗時,你匆忙下結論認為已知,以他人的經驗代替自己實證,這樣所謂的親身體驗實際上是他人的經驗。如果真要悔改,那就是謹慎運用自己智慧的問題。無論人多麼天才和聰明,也僅僅是對世界某一片面的認識。這需要我們放棄自我中心,謙卑是悔改的第一步。

一個妥當、出自真實自我判斷符合神意志的渴求,它純然出於愛的動機,始於愛,沒有對自己或他人的利害計算,完全公義和慈善。正如我們常說:「愛神,神就會祝福你」。那些創造出偉大事業和職業生涯的人常說:「不要為錢而工作,愛你的工作,它會帶給你意想不到的巨大回報。」

第四章
領袖與小民

導讀：能得神保佑和賜恩，是信心，不是刻苦努力和美善德行，從中我們可以瞭解善惡有報或未報的道理。

第一節　倫理道德

問：我一直有個觀念，好人得好報，能得神賜福一定是個道德、良心好的人才行。我讀舊約創世紀中亞伯拉罕和雅各的故事，非常驚訝他們的性格迥異，但都得到了神恩典。

聖經被稱為是上帝在不同歷史階段對人類啟示的記載，通過不同人物故事述說神對人的意旨和訓示。既然是神的啟示，很多人會將注意力集中在人物故事中反映的倫理道德，側重關注他們有什麼優良品質，認為做個好人必得好報。

我在前文中曾論述過，神的意志並無所謂對錯、善惡和美醜。正、反面評論和判斷都是人的意志，而非神的意志。例如：上帝耶和華帶領猶太人出埃及去迦南，在途中，神以其大能力幫助猶太人征伐異教者，在猶太人看來，上帝是美善的神，而對異教者而言，上帝則被視為惡魔，難道不是這樣嗎？

問：似乎有道理。那麼我們通過這些故事學習什麼？

我們應學會觀察歷史。史學家 R.G. Collingwood 曾說，歷史都是人類思想史。這裡所說的觀察歷史，並不是指聖經是一部歷史書，而

是通過聖經中的歷史故事來觀察人類思想發展。人生於天地之間，為了生存與發展，在不同歷史階段所依據傳統文化、價值觀、世界觀以及族群主流社會思潮是不同的，這些因素都會影響社會的倫理道德，並見證不同歷史時期的倫理道德標準。

問：亞伯拉罕與雅各時代的倫理道德是怎樣的？

在那個時代，人們憑藉智慧努力活下去，盡可能拓展生存空間，就是他們的倫理道德觀。準確地說，就是盡可能多占有物資和土地資源，以確保世世代代延續和族群的繁衍。在嚴酷的現實生活面前，培養出適應爭鬥需要的思想信念和價值觀是必然選擇，上古人類往往顯得殘忍、無情。例如：摩西「十戒」號召猶太各支派團結在唯一神上帝下，共同征伐、占領應許之地，其目的是為了生存和拓展空間。嚴格的律法是為了管理來自不同背景的族群和支派，是團結一致「召集令」；標準規範敬拜儀式，就如初級軍訓條令，目的就是培養紀律嚴明，以利統一行動。亞伯拉罕與雅各的時期，那是一個各自為戰的時代，不需要「十戒」嚴格律法、或對神敬拜要求有標準規範儀式。他們只需根據自身家族的生產力和工具，堅守神諭，按自然法則決定行動，追求美好生活。

問：適應殘酷現實的倫理觀？

是的，正確理解人類思想發展途徑，所關注不外兩方面：權力和金錢（Power and Money）。歷史與思想密不可分，我們無法脫離歷史談論思想，也不能只討論思想而忽略歷史背景。我們不是說聖經是神在「不同歷史階段」的啟示嗎？討論神的啟示也離不開歷史背景，否則就是無效啟示。脫離當今現實談論聖經啟示是浪費時間，生搬硬套、試圖在聖經中尋找具體現實解決方案只是在浪費生命。

問：聖經如何描述亞伯拉罕、雅各及其族人的生存之道和倫理道德觀？

這要從他們身分和生活方式說起，亞伯拉罕和他的族人是遊牧民族，意味著他們沒有固定的居住地，遷徙路線取決於牛羊所需的牧草是否豐盈，按季節遷徙。他們的生活方式是客居他鄉[1]。「他們大多以家庭或家族的形式聚居放牧，每一家族中年高德劭者共同組成長老會。長老會在部落中是最終的裁決者。平常各部落自行管理，只有在緊急情況時，各部落酋長才會集會。家庭不僅是遊牧人的社會單位，也是經濟單位。一家人生活在一起，工作在一起，家庭成為他們力量的源泉和權威的象徵，政治基礎。」[2] 由於是客居，人口數量不能過多，否則人口強盛、財富積聚會引起當地人（地主）的妒忌和擔憂，最終導致被迫遷移[3]。人丁興旺，妾及其所生兒女（如夏甲和其子）可能不被族長祝福，繼承財產，他們就需要分家離去[4]，以確保族人在資源下得以生存延續，並讓當地人放心接納這些弱小的寄居者。這樣的生存方式決定了遊牧民族是分散居住，雖然人口多，但不能形成合力，成為弱小無助的一群。為了生存，他們可能需要與其他遊牧族競爭寄居地，因此取悅地主，表現出友好，隨時願意合作才能贏得寄居權。

---

1 《創世記》12:10，「那地遭遇饑荒。因饑荒甚大，亞伯蘭就下埃及去，要在那裡暫居。」；23:4，「我在你們中間是外人，是寄居的。求你們在這裡給我一塊地，我好埋葬我的死人，使她不在我眼前。」
2 威爾・杜蘭特（Will Durant, 1885-1981）：《文明的故事》（*The Story of Civilization*）。
3 《創世記》21:23，「我願你如今在這裡指著神對我起誓，不要欺負我與我的兒子，並我的子孫。我怎樣厚待了你，你也要照樣厚待我與你所寄居這地的民。」；36:7，「因為二人的財物群畜甚多，寄居的地方容不下他們，所以不能同居。」；26:16，「亞比米勒對以撒說，你離開我們去吧。因為你比我們強盛得多。」
4 《創世記》21:14，「亞伯拉罕清早起來，拿餅和一皮袋水，給了夏甲，搭在她的肩上，又把孩子交給她打發她走。夏甲就走了，在別是巴的曠野走迷了路。」

根據舊約聖經，上帝應許之地南至埃及河，北至伯拉大河[5]，地理上跨越了幾個緯度。牧場在不同季節依次生長、豐盈，適合牧養牛羊的水草，遊牧民隨水草生長多寡南北遷徙。這些地區分別由基尼人、基尼洗人、甲摩尼人、亞摩利人、迦南人、革迦撒人和耶布斯人占據[6]。由於不同民族文化和風俗，遊牧人在這些地方寄居需要具備極高的外交手段，妥協和合作才能與當地人和平共處。猶太人勢單力薄，只能依靠這些策略才能被允許在他們的土地上生存和放牧。善於算計，有時甚至需要委曲求全，便是遊牧人的生存之道和智慧。杜蘭特在《文明的故事》中提到猶太人形象，「一個長而帶鉤的鼻子，兩塊突出的顴骨，捲曲的髮鬚，瘦高而結實的身體。除此之外，他們還有一顆剛愎而富於計算的心。」

可以合理想像，在如此遼闊的應許之地，牧場資訊的流通受到限制，比如每年氣候變化導致牧草生長不均，當地居民的人口變遷可能影響是否有足夠的牧草場供外來牧人使用，駐地領土的擁有者變更可能引發對外來人不友好，自然災害的影響等。這些因素由於資訊流動不暢，都會使猶太人的遷徙變得不可預測。每年甚至每季，尋找牧場和友好地主的方向與地點，成了艱難的選擇。求神問卜瞻前程，成為他們日常生活中不可或缺必然的敬虔工作，信靠神就是指導未來人生唯一可靠出路。

第二節　信仰之父

問：亞伯拉罕生長在一個篤信耶和華上帝的社會環境嗎？

不是。「信心之父」意思指，他是信仰上帝耶和華的第一人。根

---

[5]　《創世記》15:18。
[6]　《創世記》15:19-21。

據史料記載，亞伯拉罕及其族人屬於當時居住在巴比倫閃族人的一個分支。那時這個閃族分支，不叫以色列人，也不叫猶太人；以色列人是從雅各（亞伯拉罕的孫子）開始有這個稱謂[7]，猶太人的稱呼則更晚一些，直到出埃及時，摩西接受神諭，團結十二個支派，才統稱為猶太人。

閃族人亞伯拉罕出生在巴比倫地區，他初始信仰，受巴比倫文化影響是多神教。因為農耕技術欠發達，人口增長速度超過土地所能供應食物數量，當時巴比倫地區宗教並不提倡多生育人口。這種文化世界觀認為「人類繁衍造成對大自然資源的供不應求，諸神通過瘟疫、旱災和饑荒來控制人口」；「小童因沒有生產力，無價值，反而占耗資源，不鼓勵大量繁殖人口」[8]。很顯然，這樣的宗教信仰不適合遊牧亞伯拉罕及其族人，他們希望人口眾多保持強大生產力以適應多變的生存環境需要。

耶和華上帝是創造天地的神，傳說祂鼓勵和保佑人「生養眾多」。亞伯拉罕改信耶和華，認為由祂保佑人口繁衍，加強對外族抗爭力量是最好的選擇。既然天地皆由祂所創造，接受祂指引無疑是明智的選擇。在猶太人想像中，「耶和華是一位勇猛、倔強、威嚴的神，雖然有不少缺點，但這些缺點也頗具魅力。他對事物隨機應變，像一位善於玩弄政治策略的主教」[9]。這樣的神啟示，正好適合人數稀少、弱小、到處漂泊、對命運感到畏懼、動盪不安的遊牧民。借著神的智慧和勇氣，在複雜的生存競爭中贏得生存機會和空間，只有人口多、力量強大，才能有立足之地。

---

7 《創世記》35:10，「且對他說，你的名原是雅各，從今以後不要再叫雅各，要叫以色列，這樣，他就改名叫以色列。」

8 威爾‧杜蘭特（Will Durant, 1885-1981）:《文明的故事》(*The Story of Civilization*)。

9 詳見威爾‧杜蘭特（Will Durant, 1885-1981）:《文明的故事》(*The Story of Civilization*)。

第三節　亞伯拉罕與雅各

　　信心之父亞伯拉罕在異象中「看到了」耶和華的應許[10]，深信不疑。他將見到神的異象，把「生養眾多」作為族群信仰的依據和基礎，把眼前不可見的理想（想像現實）作為可實現的信念，成為指導整個部族生存命運的理想原則，這是偉大領導者才具有意志品格和才能。相比之下，雅各只關注眼前的利益。他曾說道：「神若與我同在，在我所行的路上保佑我，又給我食物吃、衣服穿，使我平平安安地回到我父親的家，我就必以耶和華為我的神」[11]。他與神斤斤計較，「不給祝福，不容你去」[12]，並「與神摔跤一決高低」[13]。直到神贊許他「與神與人較力都得勝」[14]。這些都表現了雅各作為草民，為自己利益打拼的品格。

　　而亞伯拉罕則是領袖級的人物，他的信念抽象不可見，宛如一幅未來藍圖，現代人稱之為理想目標，基督徒稱之為神的啟示。儘管亞伯拉罕和雅各在生活態度、生活方式和生存智慧上存在差異，但他們都堅信上帝能夠滿足他們對物質和生存的願望，並對上帝的信仰始終保持誠懇、敬虔的態度，其生活觀念和智慧始終符合自然法則。

第四節　自然法則

問：符合自然法則的行動是什麼？

　　自然法則不僅包括地理自然環境和氣候，還涵蓋文化傳統、倫理

10　《創世記》15章。
11　《創世記》28:20-22。
12　《創世記》32:26。
13　《創世記》32:24。
14　《創世記》32:28。

和當時人們的價值觀等。我們不能以二元思維來看待問題，認為亞伯拉罕是信心之父，他的一切倫理道德標準和思想行為都是正確，至今對現實仍有啟示意義，值得每個基督徒學習，甚至認妻為妹的故事僅是小過錯。實際上，根據我對舊約《創世記》的研究，亞伯拉罕可以被視為「猶太人的曹操」，他具備領袖氣質，不忠也不奸，既慷慨又自私，所有行為和決定都是自我獨特的倫理標準，以適應周遭生存環境。他對神有極大的信心，得到了神的輔助、庇佑和賜福。而雅各則表現出一種平民性格的生活態度方式，同樣得到了神的恩典。

問：此話怎講？

在上古農耕時代，當地居民以耕種為主，牛羊家畜皆為圈養，寄居的亞伯拉罕和族人，則以牧養為生[15]。由於他們掌握了放牧技術，當地人可能會將多餘的草場租予猶太人使用[16]。這就像今天的承包制度，由族長承租，雙方共同分享利益。因此，聖經中提到賜予亞伯拉罕牛羊[17]，實際上可能是地主將牲畜交由猶太人牧養，待其長大後用於交易，以增加牧畜數量來分成利益[18]。雅各為拉班放牧十四年，最終得到羊群的例子，可以看到，地主不可能無償贈予外來寄居者牲

---

15 《創世記》46:34，「你們要說，你的僕人，從幼年直到如今，都以養牲畜為業，連我們的祖宗也都以此為業。這樣，你們可以住在歌珊地，因為凡牧羊的都被埃及人所厭惡。」

16 《創世記》34:21，「這些人與我們和睦，不如許他們在這地居住，作買賣。這地也寬闊，足可容下他們。我們可以娶他們的女兒為妻，也可以把我們的女兒嫁給他們。」

17 《創世記》12:16，「法老因這婦人就厚待亞伯蘭，亞伯蘭得了許多牛、羊、駱駝、公驢、母驢、僕婢。」；20:14，「亞比米勒把牛、羊、僕婢賜給亞伯拉罕，又把他的妻子撒拉歸還他。」

18 《創世記》34:10，「你們與我們同住吧。這地都在你們面前，只管在此居住，作買賣，置產業。」

畜,「合作和交易」或許是對他們關係最合理解釋。猶太人這種生活方式培養了他們精於算計、擅長交易的品格。然而,他們作為寄居者,經歷了許多屈辱和欺凌,歷史對此有詳細記載。

在那年代,自然法則體現為弱肉強食的森林法則,爭奪食物、土地和配偶成為生存智慧和手段。「我要你那片土地」;「我要你那批糧食」;「我要你的銀礦」,這些都可以成為暴力爭鬥普遍接受公開的理由[19]。人多勢眾是贏得戰爭的必要條件,女性作為生育工具,其身分是妻、妾或婢女不重要。現實中,女性與誰交配並不是什麼道德問題,因為她們認為生育和養育子女是自己的責任與本分。只有這樣,才能實現「人多勢眾」,在未來的資源爭奪戰中占據優勢。聖經中提到,女人而非男人被蛇引誘,暗含了對女性的貶斥,喻示其智慧和判斷力低於男性。儘管聖經說,妻由夫「肋骨」所造,夫妻要合二為一[20],女性是來幫助男人的[21],但這並不是現代人對肋骨「支撐」作用來理解的協助。人沒有一條肋骨照樣可以生活,正如包皮一樣,可有可無。因此,聖經中提到女性由男性的肋骨而生,符合舊約時代貶低女性的社會共識。在這種觀念下,女性被視為可以交換利益的物件,對於渴望成就大業的亞伯拉罕而言,並沒有道德上的自責。

亞伯拉罕把自己的妻子稱為妹妹,理由是妻子漂亮,擔心當地人會對他們身家性命產生威脅,這是藉口。他妻子願意被出讓,是亞伯拉罕勸說的結果,以展示對丈夫恩愛,這是亞伯拉罕實用主義價值觀和邏輯[22],因生存發展需要,一切都可以為實現目標拿出來交易。

---

19 威爾・杜蘭特(Will Durant, 1885-1981):《文明的故事》(*The Story of Civilization*)。
20 《創世記》2:24,「因此,人要離開父母與妻子連合,二人成為一體。」
21 《創世記》2:18,「耶和華神說,那人獨居不好,我要為他造一個配偶幫助他。」
22 《創世記》20:13,「當神叫我離開父家,飄流在外的時候,我對她說,我們無論走到什麼地方,你可以對人說,他是我的哥哥。這就是你待我的恩典了。」

猶太人社群較小，寄人籬下，為了生存，必須向地主展示自己順從、軟弱、毫無攻擊性和沒有搶奪對方地盤野心。將自己最心愛的東西轉讓給他人，是表達忠誠和敬意的方式。顯然，公開送出妻子並不符合當時的倫理標準，但真正送出妹妹卻未必能達到最佳的敬意與真誠。送出妻子是雙方心知肚明的祕密，「名妹實妻」是地主最樂於接受的忠誠表示。作為回報，亞伯拉罕不僅獲得了寄居權，還得到了賞賜的牲畜，獲得更多的牧養牲口數量，以及更多水草和租借土地的經營權與交易機會。地主接受對方妻子並將其送回，實際上是一種善意的回應，為今後長期良好合作奠定基礎[23]。埃及王和基拉耳王亞比米勒，派人接收年老色衰的撒拉，後又將其送回[24]，正是表明「獻妻」是表達真誠合作意願的最佳方式，而「送回」則是表明「悅納」，雙方同意並相信可以開展未來的合作，這是雙方立約的背書方式。因為，恃強凌弱、搶奪他人妻子顯然不符合當時的倫理道德規範，埃及和基拉耳王都藉口是神的啟示「不適宜」[25]，而將妻送回亞伯拉罕，為未來雙方合作打下良好的基礎。

---

23 《創世記》12:16，「法老因這婦人就厚待亞伯蘭，亞伯蘭得了許多牛、羊、駱駝、公驢、母驢、僕婢。」；12:20，「於是法老吩咐人將亞伯蘭和他妻子，並他所有的都送走了。」

24 《創世記》12:19，「為什麼說她是你的妹子，以致我把她取來要作我的妻子？現在你的妻子在這裡，可以帶她走吧。」；17:17，「亞伯拉罕就俯伏在地喜笑，心裡說，一百歲的人還能得孩子嗎？撒拉已經九十歲了，還能生養嗎？」；20:2，「亞伯拉罕稱他的妻撒拉為妹子，基拉耳王亞比米勒差人把撒拉取了去。」

25 《創世記》20:3，「但夜間神來在夢中，對亞比米勒說，你是個死人哪，因為你取了那女人來，他原是別人的妻子。」

第五節　領袖與小民

問：這看上去就是一盤生意！

　　亞伯拉罕犧牲家人作為交易方式，即使在當時也是不尋常的。他可以被視為猶太人的曹操，雄才大略、大智大勇、氣度非凡，也可能大奸大惡。他重視大義輕小利，具有領袖所應具備的氣質和性格。在聖經人物中，只有君王才可與他媲美，成為猶太人之父的稱號實至名歸。而雅各在面對女兒被強姦事件，選擇「閉口不言，等兒子們回來」[26]，隨後與兒子商議，顯示出雅各以家庭感情為重，優柔寡斷、缺乏果斷氣質的領袖風範。儘管經文沒有明確提到他是否同意兒子們報復行動，但他與兒子的商討表明他並不反對，並將行動的決定權交給了兒子[27]。與果敢的亞伯拉罕相比，雅各顯得更像一介小民。

　　兩人在面對生存問題，展現出不同智慧：

一、亞伯拉罕將優良土地，讓給羅得[28]，結成同盟；當羅得遇難時，他出兵相助[29]。也同時幫助所多瑪和撒冷王擊敗其他四王，戰後自己分毫不取，將他們失去的財物全部歸還。這顯

---

[26] 《創世記》34:5,「雅各聽見示劍玷污了他的女兒底拿。那時他的兒子們正和群畜在田野，雅各就閉口不言，等他們回來。」

[27] 《創世記》34:30,「雅各對西緬和利未說，你們連累我，使我在這地的居民中，就是在迦南人和比利洗人中，有了臭名。我的人丁既然稀少，他們必聚集來擊殺我，我和全家的人都必滅絕。」

[28] 《創世記》13:10,「羅得舉目看見約旦河的全平原，直到瑣珥，都是滋潤的，那地在耶和華未滅所多瑪，蛾摩拉以先如同耶和華的園子，也像埃及地。」；13:11,「於是羅得選擇約旦河的全平原，往東遷移。他們就彼此分離了。」

[29] 《創世記》14:14-16,「亞伯蘭聽見他侄兒被擄去，就率領他家裡生養的精練壯丁三百一十八人，直追到但。」；「便在夜間，自己同僕人分隊殺敗敵人，又追到大馬色左邊的何把，」；「將被擄掠的一切財物奪回來，連他侄兒羅得和他的財物，以及婦女、人民也都奪回來。」

示了亞伯拉罕卓越的政治智慧和外交技巧，他關愛民眾、愛護士兵如同自己的子女[30]。

二、通過金錢和立約的方式解決水井爭端[31]，展現出高超的生存智慧和交易手段。

而雅各則表現另一種聰明：

一、通過欺騙手段獲取父親以撒的祝福[32]。

二、借助計謀和小伎倆，從岳父拉班那裡獲取更多的牲畜[33]。

亞伯拉罕善於利用資源，在必要時不惜犧牲或放棄身邊的人和物，以換取生存和發展空間，謀求族群的最大利益，甚至為族群的未來創造有利的外部環境。要實現「長遠利益」，需要信心和遠見，放棄眼前的小利。而雅各則缺乏這樣的視野，他只關注眼前可見的利益，並不惜以聰明的手段去奪取。

亞伯拉罕的智慧使他與別人打交道時，不會陷入自縛的困境，他

---

[30] 《創世記》14:17-24，「亞伯蘭殺敗基大老瑪和與他同盟的王回來的時候，所多瑪王出來，在沙微谷迎接他。沙微谷就是王谷。」；「又有撒冷王麥基洗德帶著餅和酒出來迎接。他是至高神的祭司。」；「他為亞伯蘭祝福，說，願天地的主，至高的神賜福與亞伯蘭。」；「至高的神把敵人交在你手裡，是應當稱頌的。亞伯蘭就把所得的拿出十分之一來，給麥基洗德。」；「所多瑪王對亞伯蘭說，你把人口給我，財物你自己拿去吧。」；「亞伯蘭對所多瑪王說，我已經向天地的主至高的神耶和華起誓。」；「凡是你的東西，就是一根線，一根鞋帶，我都不拿，免得你說，我使亞伯蘭富足。」；「只有僕人所吃的，並與我同行的亞乃、以實各、幔利所應得的分，可以任憑他們拿去。」

[31] 《創世記》21:25-31，「從前，亞比米勒的僕人霸佔了一口水井，亞伯拉罕為這事指責亞比米勒。」；「亞比米勒說，誰做這事，我不知道，你也沒有告訴我，今日我才聽見了。」；「亞伯拉罕把羊和牛給了亞比米勒，二人就彼此立約。」；「亞伯拉罕把七隻母羊羔另放在一處。」；「亞比米勒問亞伯拉罕說，你把這七隻母羊羔另放在一處，是什麼意思呢？」；「他說，你要從我手裡受這七隻母羊羔，作我挖這口井的證據。」；「所以他給那地方起名叫別是巴，因為他們二人在那裡起了誓。」

[32] 《創世記》27:1-46。

[33] 《創世記》31:4-17。

充分利用人和物來解決問題，借力打力，具有諸葛亮式的智勇。而雅各的聰明則常使他陷入尷尬境地，騙得父親祝福後，逃到拉班那裡，為其放牧七年又七年。受拉班欺哄[34]，卻從未用智慧與拉班議價、做交易，最終也只能依靠瞞騙伎倆獲得羊隻，倉促與拉班分家離去。儘管經文未詳細記錄，推測其人品名聲狼藉也是合理的。

假設亞伯拉罕面對哈抹和示劍提擬，「聯姻親，族人割禮改信耶和華」的和解條件[35]，他會毫不猶豫地答應，這將為今後在該地區的放牧建立良好的生存和居住友好條件，是一種遠見和大義之舉。而雅各則因對家人的過度關愛，感情用事，選擇以牙還牙報復，進行殺戮和洗劫，最終選擇逃離是必然的。由於留下了不良名聲，聖經記錄他們回到祖先貧瘠之地伯特利[36]。因饑荒不得不去埃及前，並未再離開過那裡。而日常放牧地，他們仍然需要去遙遠的示劍[37]，可見伯特利不是個適宜放牧之地。雅各為了家人和睦，也許因安撫眾兒子的憤怒，寧願放棄長遠利益，不惜對外洗劫、殺戮，讓自己及家人陷尷尬境地[38]。比較可見，亞伯拉罕和雅各就是領袖和小民的區別。

---

34 《創世記》31:7，「你們的父親欺哄我，十次改了我的工價，然而神不容他害我。」

35 《創世記》34:8-12，「哈抹和他們商議說，我兒子示劍的心戀慕這女子，求你們將她給我的兒子為妻。」；「你們與我們彼此結親。你們可以把女兒給我們，也可以娶我們的女兒。」；「你們與我們同住吧。這地都在你們面前，只管在此居住，作買賣，置產業。」；「示劍對女兒的父親和弟兄們說，但願我在你們眼前蒙恩，你們向我要什麼，我必給你們。」；「任憑向我要多重的聘金和禮物，我必照你們所說的給你們。只要把女子給我為妻。」；34:22-23，「惟有一件事我們必須做，他們才肯應允和我們同住，成為一樣的人民，就是我們中間所有的男丁都要受割禮，和他們一樣。」；「他們的群畜、貨財，和一切的牲口豈不都歸我們嗎？只要依從他們，他們就與我們同住。」

36 《創世記》35:1，「神對雅各說，起來。上伯特利去，住在那裡。要在那裡築一座壇給神，就是你逃避你哥哥以掃的時候向你顯現的那位。」

37 《創世記》37:12，「約瑟的哥哥們往示劍去放他們父親的羊。」

38 《創世記》34:30，「雅各對西緬和利未說，你們連累我，使我在這地的居民中，就

在信心方面，亞伯拉罕表現出理想主義者的特質，而在具體行動上則是個實用主義者。雅各則在信心和行動上都表現為實用主義，斤斤計較於能否獲得的利益[39]。

問：兩人的生存智慧可謂大不同，反映了他們不同的人生價值觀，這真是領袖與小民的區別。他們同時都被猶太後人稱為得到神祝福的猶太祖先，這說明了什麼？

只要人依照本性而行，活出真實自我，就能得到神的祝福。神的意志本無是非對錯、善惡之分，神的祝福也是如此。亞伯拉罕和雅各同生活在弱肉強食、適者生存的世界，森林法則就是他們的生存之道。作為弱勢群體的遊牧民族，生育多，多占物質資源才能增強力量，獲得生存空間。這是耶和華上帝在當時的神諭，亞伯拉罕和雅各同樣謹遵這神的教導，用現代的觀念來看便是自然法則，只不過他們對此有不同反思和具體行動。摩西時代，猶太人殺盡異教者奪取其土地，也是神啟示[40]，是你死我活的生存大戰。有領袖必然存在小民，神的意志並不會因人的地位或身分而偏袒任何一方，神的祝福並不是因為他們做了什麼現代意義上對或錯的事情，而是因為他們堅信神的教誨：「生養眾多才能贏得生存空間」，這是當時的森林定律，也是自然法則。

　　是在迦南人和比利洗人中，有了臭名。我的人丁既然稀少，他們必聚集來擊殺我，我和全家的人都必滅絕。」

39　《創世記》28:20-22，「雅各許願說，神若與我同在，在我所行的路上保佑我，又給我食物吃，衣服穿，」；「使我平平安安地回到我父親的家，我就必以耶和華為我的神。」；「我所立為柱子的石頭也必作神的殿，凡你所賜給我的，我必將十分之一獻給你。」

40　《申命記》20:16-17，「但這些國民的城，耶和華你神既賜你為業，其中凡有氣息的，一個不可存留。」；「只要照耶和華你神所吩咐的將這赫人、亞摩利人、迦南人、比利洗人、希未人、耶布斯人都滅絕淨盡。」

問：亞伯拉罕和雅各的智慧符合自然法則，就是傳統猶太人生存智慧，這與我們所認識的宗教信仰並不相同？

確實如此。宗教大多勸人行善，強調美德作為基本甚至全部的教義。通過研讀《創世記》，我們清楚地認識到亞伯拉罕和雅各都同受神的祝福，然而，他們的表現卻有著顯著的差異。我們甚至可以通過他們的某些行為，依據現代的倫理標準得出結論：亞伯拉罕顯得冷酷無情，而雅各則表現為自私自利。他們的故事說明神祝福與宗教強調的美德沒有直接關聯性質，由此引發一個問題：什麼樣的人可以得到神的祝福？雅各在臨終前，神通過他的口說出了祂的旨意：儘管流便「放縱情欲」[41]，西緬和利未「忿恨殘忍」[42]，神仍按照各人的福分給予他們祝福[43]。這是以色列人先祖遺訓，也是他們對神諭的感悟。亞伯拉罕和雅各故事再次解釋了我在「律法主義」小節上所論，我們不要把自然法則和倫理道德混為一談，更不能把不同時代倫理道德互相比較判斷。上古時代的神諭就是依自然法則而行，耶穌時代上帝的神諭就是待人以愛和謙卑態度，證明神在不同歷史時期有不同神諭。

問：那是否意味神鼓勵、或者不反對惡人做壞事？

不是，是神會祝福活出真實自我和本性的人。在群居的人類社

---

[41] 《創世記》49:3-4，「流便哪，你是我的長子，是我力量強壯的時候生的，本當大有尊榮，權力超眾。」；「但你放縱情欲，滾沸如水，必不得居首位。因為你上了你父親的床，污穢了我的榻。」

[42] 《創世記》49:5-7，「西緬和利未是弟兄。他們的刀劍是殘忍的器具。」；「我的靈阿，不要與他們同謀。我的心哪，不要與他們聯絡。因為他們趁怒殺害人命，任意砍斷牛腿大筋。」；「他們的怒氣暴烈可咒。他們的忿恨殘忍可詛。我要使他們分居在雅各家裡，散住在以色列地中。」

[43] 《創世記》49:28，「這一切是以色列的十二支派。這也是他們的父親對他們所說的話，為他們所祝的福，都是按著各人的福分為他們祝福。」

會，社會主流思潮和價值觀總趨向要求人本性生而有良知、同情和憐憫心，不可能衍生惡意主動傷害別人世界觀。極少數被基督徒稱為受魔鬼引誘的惡人，如希特勒，若沒有眾人跟隨他做不了多大惡事。一個能活出真實自我，受神祝福的人又怎會盲從別人做壞事？一個沒有跟隨者的惡人頂多就是小人物如雅各。

第六節　信心

問：什麼是信心？

　　信心不建立在客觀事實上，它是思想前設，人因相信某事或某些觀念是真實的，認為「想象現實」是客觀真實，可以實現，這就是信心；因而產生無窮的信仰能量，自我激勵前行。亞伯拉罕相信神對他的啟示：「生養眾多，可得應許地」，並堅信「只要敬拜神，神就會幫助他實現願望」。信心體現在兩個層面上：「相信不客觀實在的抽象道理」；把相信的「道理」作為行動的指導原則，堅信在不可知的未來能夠實現。猶太人借用大衛和所羅門王的豐功偉績，傳頌信仰上帝果效，受益於神扶助的故事始於亞伯拉罕相信神諭，「生養眾多，可得應許地」，因此亞伯拉罕被稱為猶太人的信心之父。出埃及後，由十二支派組成的猶太人堅信「唯一神」、「十戒和托拉」，邁進大衛王興盛年代。後來，猶太十二支派分裂，因個體力量單薄而被各個擊破，淪為被外族奴役，原因在於他們不再相信唯一神上帝和律法，不能團結一起，一致對抗外敵。這一切，見證在聖經中人對神諭「信」與「不信」的故事。信心是人的精神力量，既是思想態度、思維方式，也是行動指南，它會讓人進入無限發展空間。中國有句古語，「信則有，不信則無」；「思無涯者，其行無疆！」就是這意思。

問：我們如何保持對追求事物的信心？

　　信心來自內心意願，真實意願會讓人接納一切順利或失意，一個整天需要面對鏡子鼓勵自己堅定信念或信心的人不可能走得太遠，純粹真實意願的信心可以讓人無視困境，也可以與困境共存。我們稱此「信心」源自愛，愛可以讓人抵達彼岸。（詳見下文）

問：信心似乎是個中性詞？

　　信心的力量可以將「看不見」變為「現實」，正如《約翰福音》20:29所言：「耶穌對他說，你因看見了我才信；那沒有看見就信的，有福了。」關鍵在於你所相信的對象是「耶穌」或是「魔鬼」。《馬太福音》4:9，「你如果俯伏拜我，我就把這一切都給你」，表明神與魔鬼都可以行神跡，都可以滿足人的渴求。對於基督徒來說，信基督並渴望祂賜福，是正向「信心」，信魔鬼是負向「信心」。比如，龐氏騙局中的產品或服務子虛烏有，其回報只是彼此投入的資金而不是實際投資的利潤分成，但眾人相信這是「理想現實」，是真實的，這樣的相信（信心）就會帶來危害。

問：信什麼最重要？理解神的話，認識祂對自己啟示才有意義？

　　確實如此。如果我們缺乏辨別能力和批判性思維、固守律法，耶穌基督的真理只是一道耀眼陽光，定神凝視多無益，甚至帶來有害後果。因此，我強調神對個人獨特的啟示作用，實際上是呼喚個人自由思想和獨立意志。偶像式領導人物和他堅稱的「真理」大多是謬論或謊言，可能會給大眾帶來災難。而小人物如雅各，僅關注自己身邊利益，對大眾造成的傷害反而相對較小。亞伯拉罕和雅各的故事，神諭了啟示，人類文明已經進入法治時代，不再需要大人物來改造社會。小人物聚在一起商議、妥協，形成大眾都能接受的方案，就是得到神

祝福的方案。亞伯拉罕式「犧牲小我完成大我」的願景和偏執狂式實現措施往往會給人類帶來噩夢。

問：我們可以從亞伯拉罕身上學到什麼？

亞伯拉罕為了信念而奮鬥，做出違反當時人倫道德的選擇，這是「屬於他」本人的人倫道德，而非今天仍適用的生存術。他的「信」不僅為自己和族人續命，更重要的是為後人見證「信」可以實現「擬定中不可見的理想」，把想像現實變為客觀現實。我們無需因他的「信」的效果，過度包裝他的善，客觀呈現他真實品質反而讓後人更易於學習和領悟「信心的力量」。義是與神合一，「因信稱義」就是憑信神對個人啟示與神合一得義，即獲得良好、符合自然法則的判斷力。而非單純相信眾人稱頌「神的普遍真理」或通過敬拜神與神合一。正如我們認識到亞伯拉罕因「信心的力量」實現自我超越，而不是因人倫道德美善，或迫切熱衷於對人、對神傾注情感而自我實現超越。亞伯拉罕的道德品性對現代人並無太大意義，因為這些都屬於他的時代。他的故事意義在於「信心的力量」，這屬於永恆的思想方法。

亞伯拉罕和雅各的故事試圖向後人展示領袖與小民的道德風範，神對他們既不襃揚也不貶損。領袖和小民各有不同的生活體驗和價值觀。神對社會不同地位的人的信心回報都有適切的安排，人只需相信就可得到祂賜福[44]。猶太十二支派出自雅各之後，而非亞伯拉罕，揭示了神啟示：上帝將繁衍後代的責任賦予小人物，而非大人物；偉大人物數量越少越好，否則社會將無法安寧。

---

44 《馬太福音》6:26，「你們看那天上的飛鳥，也不種，也不收，也不積蓄在倉裡，你們的天父尚且養活它。你們不比飛鳥貴重得多嗎？」

問：你以上對亞伯拉罕和雅各的解讀顛覆了我的想像，讀聖經不能帶著倫理道德的「眼鏡」去閱讀，解答了我多年來對聖經故事的諸多疑問。

聖經故事是真實的。其真實之處並非在於神話故事的真實性，或某人、某日、某地發生的事件有歷史考古佐證，而在於這些故事描述經得起我們現代哲學、政治、經濟、社會、歷史及人類學等領域理論與實踐的檢驗，也符合人在歷史上理性思考與邏輯思辨的發展過程。《三國演義》曹操在劣勢和困境中，不也像亞伯拉罕一樣，用自己身邊最愛的人和物作交易工具？亞伯拉罕的智慧與曹操並無二致，都是政治家的品質。雅各這樣的「小人物」在我們的生活中隨處可見，他們堅守理想並努力打拼，這樣的故事我們時常能見聞。

聖經通過故事形式，準確描述了兩千多年前人類思想的發展歷史。正如我前文提到聖經與希臘經典哲學的關係，以及啟蒙運動以哲學思辨理解基督的方式，基督信仰並非迷信，也不神祕，對神的仰望實際上是忠實於自己本性與真我的體現。永遠不要否定自己，因為真實自我的信念源於神。即使我們的本性不能造就，只要我們盡可能運用自身的力量，神的恩典將會成就我們，這正是「天助自助者」的道理，亞伯拉罕和雅各的故事恰好說明了這一道理。

第五章
耶穌死與救贖

導讀：能獲得神思想意志，是神對人的心靈救贖。

第一節　關於聖經

問：聖經是一本什麼樣的書？我發現，不同的人面對同一經文會有不同的理解，甚至同一個人在不同的人生階段對同一經文也會有不同的領悟，為什麼會這樣？

　　這是因為聖經故事展現不同身分地位的人在不同歷史背景下的思想和行為。讀者世界觀各異，同一讀者隨著年齡增長和閱歷豐富，或因社會身分地位變化，對聖經故事的反思和領悟也會有所不同。聖經故事非常真實，所謂「真實」，指的是即便現代人用歷史和人類學理論對故事進行科學考證、研究，聖經所描述各式人等的思想和行為確實有可能合理存在。

問：真是這樣嗎？不是說聖經各章節的作者考察不詳嗎？保羅本人是真的寫成「保羅書信」？不是說，有不同的作者嗎？既然是不同不具名作者寫成的書，如何保證書中人物、時間、地點和事件的真實性？

　　無法保證！但聖經通過故事反映出人物的思想品格和行為是真實的。就像小說中的人物可以是虛構，但其所描述發生的故事符合人性

反應和思想發展。否則，小說就沒有閱讀價值，聖經也不可能在兩千多年裡一直受到歡迎。

弗拉維奧・約瑟夫斯（Flavius Josephus）在一世紀寫的《猶太古史》和《猶太戰史》中，基本可以找到聖經舊約的蹤影。究竟是誰抄襲誰，不得而知，但聖經歷史故事的真實性不容忽視。

問：既然歷史和人的思想行為皆真實，今人就可以依其倫理道德標準擇善而從之，聖經不就是一本教人生活智慧的書嗎？

你說對了一半。從生活智慧的角度看，聖經確實是一本記錄人在不同歷史階段生活智慧的書。讀者可以通過不同歷史階段觀察和研究人類智慧的發展史實。實際上，不同的人從不同角度可以將聖經視為包含不同知識元素的書：歷史、哲學、人類學、文學……，甚至從思想靈性角度看，它可以被視為一本神學書。既然是一本記錄不同歷史時期人類思想智慧的書，而智慧表現在倫理道德的判斷和選擇上，聖經就可以被看作是一本訴說人類智慧的書。

請注意「記錄」二字，「不同時期倫理道德記錄」並不意味著它可以被理解為過去、現在或今後倫理道德標準，不可以代表在任何時候都適用。所以，它不是一本教人如何具體獲得智慧的書。聖經也不是一本道德經，不能單純依書而行，否則我們就會被批判為律法主義。

問：好像越說越複雜！

其實並不複雜，是二元思維把閱讀聖經變成一件複雜難懂的事情。將聖經視為一本以神之名訴說道德的書，厚厚的一本書，加上不同語言版本，甚至同一語言也有不同版本，很多人覺得理解它就如攀登高山，令人畏懼。有些人則認為它很簡單，只需多讀幾遍，再借助互聯網上的解經資料，就能輕鬆理解。正是這種二元思維總把現實與

聖經道理生搬硬套地比較，讓閱讀聖經變得沒有方向，越讀越困惑，使人感覺聖經複雜難懂。

問：確實有人用這樣的態度閱讀聖經。

聖經的歷史、考古或人類學知識，留待專家和學者去探索其價值。既然聖經是一本關於基督信仰的書，我就集中討論神學議題。在我看來，雖然聖經內容豐富，但要理解神學核心，主要包含以下幾個我稱為關鍵概念（essential concepts）：神是誰；愛；罪；謙卑；耶穌的死、救贖；基督復活；神的道和形象；神奧祕；信與義。這些我會在本書中都會逐個論述和回答，希望在現實生活中對讀者有所幫助。

第二節　耶穌的死

問：耶穌的死是殉道，構成基督信仰的核心教義。

耶穌的死是為真理殉道，他不是第一個，也不是最後一個。在他之前，有蘇格拉底為開啟民智而殉道，他用生命告訴人們要遵循正義、探索真理。戊戌變法的譚嗣同以死明志，他寫道：「望門投止思張儉，忍死須臾待杜根。我自橫刀向天笑，去留肝膽兩崑崙」，希望通過自己的死推動中國變法和思想革新。最近的例子，俄羅斯反對派領袖納瓦爾尼也是如此，他生前常將自己比作納爾遜・曼德拉，希望喚醒國人，呼喚正義和民主理想，最終自投羅網回到俄羅斯，因堅持信念而付出了生命。

這些人與耶穌一樣，思想觀點與政府主張及社會主流思潮不同，甚至持反對態度，最終都死於當權者之手。他們還有一個共同特點：有機會選擇繼續生存的情況下，依然選擇為自己的信仰而死。耶穌在客西馬尼園那一晚，有足夠的時間在猶大帶領官兵到來之前離開。他

三次禱告，實際上是在抉擇是否殉道。天國道理已說了[1]，五餅二魚和治病神跡也展現過，然而，信徒們更關心的是跟隨他能否得到飲食和永生，對他的話並未真正理解。當耶穌告知他們自己即將被處死時，信徒們竟無動於衷，呼呼大睡，因為他們意識到，隨著耶穌的離去，他們的飲食保障和永生也將不復存在[2]。耶穌既難過也無助：「你們不能同我警醒片時嗎？」[3]這句話充分體現了他的失望和無奈，也說明了耶穌最終決定殉道的原因：以死明志、以死喚醒世人走上信神的道路。

問：同樣是殉道，其他人為什麼沒有像耶穌那樣被廣泛傳頌？

因為他們身後缺乏像保羅那樣的繼承和闡釋者，將耶穌之死的故事描繪、論述為信仰核心和關鍵教義，宣揚耶穌的死展現了上帝愛世人。例如：蘇格拉底死後，他那些當時著名、有權勢的學生，如柏拉圖、亞西比德、克里提阿斯和色諾芬等人並沒有將老師的死視為遵循正義和探索真理的殉道，也沒有把他的理論上升為如基督那樣「來自天國的神諭」，而只是將他的思想，人類「應該怎樣思考和生活」的智慧作為理論進行傳播。更沒有將「探索真理的精神」上升為神學意義上「信心力量」，從而為生命作精彩不朽的見證。蘇格拉底之所以成為傑出的古典哲學家，是因為柏拉圖將他的思想整理成文字並加以

---

[1] 《馬太福音》5:1-12，「八福。」

[2] 《馬太福音》26:40-45，「來到門徒那裡，見他們睡著了，就對彼得說，怎麼樣，你們不能同我儆醒片時嗎？」；「總要儆醒禱告，免得入了迷惑。你們心靈固然願意，肉體卻軟弱了。」；「第二次又去禱告說，我父阿，這杯若不能離開我，必要我喝，就願你的意旨成全。」；「又來見他們睡著了，因為他們的眼睛困倦。」；「耶穌又離開他們去了。第三次禱告，說的話還是與先前一樣。」；「於是來到門徒那裡，對他們說，現在你們仍然睡覺安歇吧。時候到了，人子被賣在罪人手裡了。」

[3] 《馬太福音》26:40。

傳播。蘇格拉底只是知識和學問的人物，而保羅通過書信把耶穌描述成基督思想信仰、是真理和信心力量的象徵和符號。因此，蘇格拉底的影響力自然無法與耶穌基督相提並論。

問：我就不明白了，著名、有權勢的人不就更容易推廣蘇格拉底老師「堅持真理」的精神嗎？

著名和有權勢意味著既得利益者，他們往往不鼓勵堅持探索真理的「精神」。因為這樣的精神鼓勵創新，在此情況下，他們無法推銷自己的「真理」。根據真理只掌握在少數人手裡的法則，「鼓勵堅持真理」對聲稱真理在手的既得利益者自然構成威脅，所以，現實既得利益者通常被視為「探索真理」的障礙。蘇格拉底這些學生重點傳播老師的理論就是維護自身利益。實際上，柏拉圖和亞里士多德的思想皆主張人分三六九等，從而間接或直接阻斷創新理論（這裡就不累贅論述）。不宣揚老師堅持真理的殉道精神，非常符合既得利益者人性和生存法則。而保羅一介平民，無權無勢，他宣揚基督則與此相反：堅持真理的殉道精神，宣揚信心的力量意味著反傳統，鼓勵推陳出新。

問：哦，原來如此。那麼保羅如何見證耶穌基督殉道精神？

保羅與耶穌是同一時代的人，塔西佗在《羅馬編年史》中提到有個叫基督的人因傳播某種宗教思想而被處決。從新約保羅書信中，我們可以知道，對於耶穌臨死前那晚在客西馬尼園的思想痛苦與焦慮，保羅是最好的傾聽和闡釋者，因為他真正明白和堅信耶穌基督是來成全猶太律法，思想靈性上拯救猶太人和外邦人。保羅以其淵博知識重塑上帝的形象，將耶穌殉道精神見證為神的愛。自此之後，十字架神學思想深入人心：「基督的死見證人的罪，只要相信這是上帝與人和好的倡議，是上帝愛人的表現，那麼耶穌的死就會救贖了人的心靈」。

第三節　救贖

問：提到救贖心靈，我想知道原初耶穌基督心靈救贖的意思？似乎現在「救贖心靈」，意思說得很廣泛，各門各派都有不同理解，甚至救贖本身也是神的奧祕。

是的，各門派對於「心靈救贖」的理解，確實存在多樣和神祕性，可謂莫衷一是。我只能結合一世紀的希臘文化、羅馬帝國歷史以及對聖經的研讀，試著解釋耶穌和保羅口中的心靈救贖。

保羅作為法利賽人，精通猶太律法，同時也是羅馬公民，熟悉希臘哲學和羅馬多神教傳統。他結合這些知識和概念，闡釋耶穌基督心靈救贖和救恩。《羅馬書》3:24-25提到：「如今卻蒙神的恩典，因基督耶穌的救贖，就白白地稱義。神設立耶穌作挽回祭，是憑著耶穌的血，借著人的信，要顯明神的義。」

在猶太律法中，義人被視為與神連結、與神同行的人。「挽回祭」中的「祭」指的是猶太人因悔罪或許願而在殿堂獻祭的牲畜。保羅在這兩節經文中論證耶穌上十字架，是天父上帝安排其兒子耶穌被釘十字架，他的死如同猶太人傳統中的獻祭，為人悔罪、求救恩。保羅對耶穌的死描述為上帝自設的祭，對於當時人為什麼要拜祭神的主流文化意識可謂革命性的創造。這為他解釋上帝愛人，重塑上帝形象立下基本、重要論據。上帝從此不再像舊約、也不是傳統猶太人口中帶領他們殺盡仇敵的耶和華上帝，而是將自己親生兒子，獻出作祭祀，為人求救恩的上帝，見證了上帝對人的愛，也表達了上帝主動與人和好的願望，上帝的形象從此在基督徒想像中變得溫柔善良許多。保羅對上帝形象的重塑，正好說明了是人對神的想像和體驗決定了神的品格和屬性，而非神本來面目決定我們如何認識祂。人的心靈其妙

無比，正是這樣的想像，我們稱為思想前設，讓人以上帝為榜樣，學習其高風亮節美好思想品格。

問：這救贖解釋有點籠統，我還是不明白，到底那時人犯了什麼錯（罪）需要向神悔改，獻祭，向神求什麼恩典希望獲得救贖？

問得好！關於需要悔改的罪是什麼，是一個有趣的觀察。保羅書信中提到人的過犯，主要包括：信徒之間因不同信仰而產生的緊張關係、教會內部的倫理道德事件，以及如何以柏拉圖理型論瞭解耶穌基督，認識神，求恩典成為義人。我想這些保羅所描述作為單一或獨立倫理道德事件，不足以上升至心靈救贖的問題，心靈救贖目的應是人思想靈性上認識神，對人、社會、或自然法則的通透理喻，並成為處世之道的思想，保羅稱為神的觀念。

基督逐漸被當權者接受成為羅馬國教的原因有兩個：一是基督徒的倫理道德觀念普遍高於非基督徒，受人稱讚；二是當權者認為這種高道德水準可以被政治利用，有利於統治龐大羅馬帝國。在四世紀尼西亞會議上，各區主教討論主要議題，是統一認識基督是三一真神，並確立基督教為羅馬國教。我們有合理理由想像，從那時起，經修訂後的聖經會更注重和傾向對耶穌、保羅話語作倫理道德闡釋，以便興起道德說教，有利穩定羅馬帝國的統治。「罪」就是違反政權當局希望以倫理道德治國的要求標準，大概就是教皇和帝國認定沒有達到他們所要求的倫理道德標準和規範。人人必須遵守權威說教，以便大眾統一認識、全社會遵從一致的世俗倫理道德。罪是什麼，如何救贖，由掌握解釋上帝的權威人士來決定。這種道德權威說教一直延續至十六世紀宗教改革前，這段歷史稱為「文明黑暗」時期。「罪」和「教贖」的闡釋已偏離了耶穌、保羅基督原教旨的教導，這是馬丁路德興起宗教改革的原因。

保羅所強調的罪,並非世人日常所犯的道德過錯。保羅所說的罪,不認識基督就是罪,猶如猶太人不認識耶和華上帝一樣;教導人耶穌上十字架受死的意義,是上帝用祂兒子身體作血祭,體現了神對人的愛和賜恩典,讓人認識耶穌基督,擁有神思想意志成為義人。不理解這道理就是罪;死守猶太律法、割禮儀式,稱為律法主義,不能認識基督是神、是上帝,也是罪。保羅的意思是,舊約時代的上帝在新約時代其形象和啟示發生了變化,我們要重新審視,不能僅憑過去的猶太律法來認識上帝。隨著聖殿被毀,耶路撒冷不再成為猶太宗教信仰中心,信仰的方式因基督的到來而須改變,因信稱義成為義人就是向上帝所求的恩典。事實上,保羅對神恩典的見證,融入了希臘經典哲學和當時流行的斯多噶學派觀點。

問:保羅的意思,不認識神就是罪,如猶太傳統,吃了禁果僅有世人(俗人)的智慧、判斷力,沒有神智慧的判斷力就是罪。認識神,能得祂的思想意志、成為義人、有神那樣的智慧就能得救贖,是這樣嗎?

　　是的。我可以把救贖說得更具體些。

問:太好了,請說。

　　舊約中「前後先知書」及「小先知書」[4]大致上只有一個主題:勸人重回認識上帝的正道,悔改才能得上帝的恩典和庇護,從而重新團結、統一猶太十二支派,改變南北分治,重回大衛、所羅門時代的

4　《約書亞記》、《士師記》、《撒母耳記》、《列王紀》、《以賽亞書》、《耶利米書》、《以西結書》、《何西阿書》、《約珥書》、《阿摩司書》、《俄巴底亞書》、《約拿書》、《彌迦書》、《那鴻書》、《哈巴谷書》、《西番雅書》、《哈該書》、《撒迦利亞書》和《瑪拉基書》。

盛世。到了耶穌生活的一世紀，整個以色列皆為羅馬殖民地，接受羅馬總督的監督，由猶太希律王具體管理。既然接受監督，猶太人的宗教信仰必然需要符合羅馬政權的要求，最起碼表面上承認羅馬君主是王、是神。符合羅馬統治要求的結果，必然衝擊傳統猶太信仰、倫理和禮儀，甚至唯一神信仰。那時猶太教就有法利賽、撒都該、艾賽尼等許多派別，甚至有奮銳黨主張抗爭羅馬政府和希律王。基督正是在這樣的時勢中誕生，各派均採納了猶太人托拉（律法）和文化傳統。至少在開始時，彼此是平行發展，雖然各派對神的想像有明顯不同，但皆聲稱自己才是正統的摩西繼承者，批評別派偏離神道，不是神的忠實信徒。基督式悔改，就是要改變自己的心智，從羅馬帝國的多神論信仰回歸到唯一神，信仰耶和華上帝的道上。

耶穌說，他來是要成全猶太人律法[5]，他的成全為人帶來心靈救贖。正如上文所述，由於耶穌生活在一世紀的羅馬殖民時代，實際上他的思想觀念，對上帝耶和華的認識和想像都受到當時社會主流文化的影響（詳見本書第二章第五節「基督與哲學」）。

問：《以弗所書》1:7：「我們借這愛子的血，得蒙救贖，過犯得以赦免，乃是照他豐富的恩典。」這就是基督心靈救贖的定義？耶穌以死作祭警醒人有罪，也因祂的死，人的罪得赦免，使人與神的關係恢復和好。這個概念非常抽象、不好懂。

是的，這一思想源自柏拉圖理型論。我們心中應持有的信念包括：基督是「完美」、「以死作祭警醒人有罪」、「祂的死使人的罪得赦免」以及「使人與神的關係恢復和好」。這些信念通過柏拉圖的理型論論證，稱為「思想前設」（信仰），以此我們才能理解基督的神道。

---

[5] 《馬太福音》5:17，「莫想我來要廢掉律法和先知。我來不是要廢掉，乃是要成全。」

在「救贖思想前設」的概念中，首先要確認並相信，耶穌以死作祭祀，使人與神的關係恢復。其目的在於引導人跟隨耶穌，牢記祂教導，改變人看待世界的心智，擁有一顆順應神意願的心靈，從而實現心靈救贖。

問：聖經中有這樣的教導嗎？我通常理解的心靈救贖就是承認耶穌以死作祭，祂的死使人的罪得赦免，恢復人與神的關係。如果我們不以耶穌為代贖者，那追隨祂的教訓和榜樣對我們沒有益處。對心靈救贖的理解似乎僅限於此，但基督對於心靈具體有什麼教導，我還沒認真思考過。

我們通常對心靈救贖的理解主要集中在兩個方面：一是相信神有救恩與救贖，明白真理便可得救贖，「只等真理的聖靈來了，祂要引導你們明白一切的真理」[6]；二是通過表現出「虛心」或「慕義」來得救贖[7]。然而，這些只是告訴我們救贖來自於神，卻沒有詳細說明救贖的具體內涵。如果不知道救贖的具體內容，如何能真正得救？「只等真理的聖靈來了」就可得心靈救贖，是指人若有屬神的心靈、思想與意志，人就可得救贖。

當人在物質與精神生活中感到豐富與快樂時，我們是否就可以說他們得到了神的救贖？答案是否定的。心靈救贖源自神，其本質是永恆，思想與靈性屬於永恆，也就是人的真實本性理應如此的問題。根據這個定義，人並不是因為生活幸福快樂就感到獲得救贖，而是因為得到了救贖，人才有信心力量以屬神的意志面對幸福、悲苦或哀傷。

---

[6] 《約翰福音》16:12-13，「我還有好些事要告訴你們，但你們現在擔當不了。只等真理的聖靈來了，他要引導你們明白一切的真理，因為他不是憑自己說的，乃是把他所聽見的都說出來，並要把將來的事告訴你們。」

[7] 《馬太福音》5:3-6，「虛心的人有福了！因為天國是他們的。」；「飢渴慕義的人有福了！因為他們必得飽足。」

問：啟示錄中提到，基督再來時人會得救贖。

啟示錄所述，人應在主來之前，努力做好事奉神的工作，祂來時人就會得救贖。對我而言，神已重臨人間，這讓我更加重視心靈救贖的真正含義。人如何思想和行動才能獲得心靈救贖？相信基督以死代人贖罪，實際上就是認識並相信祂話語、思想與行為具有救贖的意義和屬性，研讀聖經可以獲得祂的啟示。否則，不明白救贖的本質，十字架神學便毫無說服力，也沒有意義。

問：有哪些經文提到這些內容？

好的，我將逐個解釋這些經文，看看耶穌向我們展示了哪些神的思想意志。

救贖一：《馬太福音》4:9，「對他說，你若俯伏拜我，我就把這一切都賜給你。」這是魔鬼引誘耶穌，表明魔鬼也能行神跡，滿足人對物質或精神渴求。警醒我們要有對真、善、美的渴望，具備辨別神與魔鬼的能力。

救贖二：《馬太福音》6:1，「你們要小心，不可將善事行在人的面前，故意叫他們看見。」這意味行善應不求私利，施比受更有福。

救贖三：《馬太福音》6:5，「你們禱告的時候，不可像那假冒為善的人，愛站在會堂裡和十字路口上禱告，故意叫人看見。我實在告訴你們，他們已經得了他們的賞賜。」冠冕堂皇語言和行為，並不意味應受人尊重和成為別人值得學習榜樣，假冒為善只是浪得虛名。

救贖四：《馬太福音》6:16，「你們禁食的時候，不可像那假冒為善的人，臉上帶著愁容。因為他們把臉弄得難看，故意叫人看出他們是禁食。我實在告訴你們，他們已經得了他們的賞賜。」真正虔誠發自內心而不是裝模作樣。對己如此，評價他人亦如此。

救贖五：《馬太福音》6:19-20,「不要為自己積攢財寶在地上，地上有蟲子咬，能鏽壞，也有賊挖窟窿來偷。」；「只要積攢財寶在天上，天上沒有蟲子咬，不能鏽壞，也沒有賊挖窟窿來偷。」錢財身外物，生不帶來死不帶走，要正確使用財富，於己於人都有益，這是真理。積攢財寶在天上，可解釋為行善、行義道理，讓人受用無窮。這道理與當時遵循森林法則的一世紀社會天壤之別，是來自天國的道理。

救贖六：《馬太福音》6:24,「一個人不能事奉兩個主。不是惡這個愛那個，就是重這個輕那個。你們不能又事奉神，又事奉瑪門。」這經文強調要事奉唯一神，不能因欲望（比如財富）事奉別的神。這個道理很易理解，做人做事不能三心兩意，把準方向持之以恆。

救贖七：《馬太福音》6:25,「所以我告訴你們，不要為生命憂慮吃什麼，喝什麼。為身體憂慮穿什麼。生命不勝於飲食嗎？身體不勝於衣裳嗎？」很多活出成功生命人士異口同聲忠告，不要為錢財而工作，要為志趣獻上時間和精力，活出精彩生命。否則為了活著而生活毫無意義。

救贖八：《馬太福音》6:29,「然而我告訴你們，就是所羅門極榮華的時候，他所穿戴的，還不如這花一朵呢。」個人財富和榮譽皆是虛空，如曇花一現。

救贖九：《馬太福音》6:33,「你們要先求他的國和他的義。這些東西都要加給你們了。」在耶穌年代，求義就是求與神思想靈性發生關係，意思就是有神的智慧可得一切。用現代語言解釋就是人有了神思想意志就有一切，首先有正確世界觀念才有一切，人生一切事情皆與人的觀念和如何看世界有關。這是斯多噶主義主張：影響你的觀念與外在物無關而與你怎樣看待外在物的思想意志有關。

救贖十：《馬太福音》7:1,「你們不要論斷人，免得你們被論斷。」人心叵測，人不在其中，別人的事怎會知詳細，不要評價或論

斷別人,否則彼此紛爭、互惡對待由此而起。

救贖十一:《馬太福音》7:6,「不要把聖物給狗,也不要把你們的珍珠丟在豬前,恐怕牠踐踏了珍珠,轉過來咬你們。」忠言逆耳,良好願望隨時變為厭惡、反目成仇。許多現實例子,不是你愛人就會有愛的回報,你的付出都會被他人認真地對其價值作重新評估,這就是你看到的做好事未必有好報原因,與別人相處、勸喻、甚至幫助別人時要謹記這道理。這也是斯多噶主義:宣揚接受自然法則,不以情感介入他人事務,達至追求自己內心的平和安寧。

救贖十二:《馬太福音》7:8,「因為凡祈求的,就得著。尋找的,就尋見。叩門的,就給他開門。」神永遠善待和賜福那些真誠祈求者。用現代語言解釋,幸運之門永遠向真誠的人開放。

救贖十三:《馬太福音》7:12,「所以無論何事,你們願意人怎樣待你們,你們也要怎樣待人。因為這就是律法和先知的道理。」己所不欲勿施於人,愛人如己。

救贖十四:《馬太福音》7:15,「你們要防備假先知。他們到你們這裡來,外面披著羊皮,裡面卻是殘暴的狼。」這道理不須累敘,童話故事多有描述。

救贖十五:《馬太福音》7:21,「凡稱呼我主阿,主阿的人,不能都進天國。惟獨遵行我天父旨意的人,才能進去。」聽其言觀其行,小心墮入謊言陷阱。

救贖十六:《馬太福音》7:24,「所以凡聽見我這話就去行的,好比一個聰明人,把房子蓋在磐石上。」絕大多數人都能言善辯,把自己美好計畫和思想描述得頭頭是道,或是把自己如何避免風險說得如何妥當安全,但能把思想計畫付諸行動則百中無一。能把房子建在磐石上的人,需要堅定不移信心和踐行的勇氣,這就是很少人能抵達彼岸的原因。

救贖十七：《馬太福音》18:19-20，「我又告訴你們，若是你們中間有兩個人在地上，同心合意地求什麼事，我在天上的父，必為他們成全。」「因為無論在哪裡，有兩三個人奉我的名聚會，那裡就有我在他們中間。」夫妻、父子同心，其利斷金，眾人執柴火焰高，團結就是力量，必得神（命運）垂青。

問：以上救贖的道理不就是我們常聽到的人生道理或常識嗎？

確實如此。如果你瞭解一世紀的社會背景和當時的倫理道德水準，就會明白耶穌把某些斯多噶主義思想整合到猶太人的上帝教導中，其觀念是劃時代進步，可以視為對當時社會宗教思想意識一種心靈革命，也是對傳統猶太人上帝觀念的反動，或稱為改革。有趣的是，雖然這些道理耶穌在兩千多年前已說過，但至今有多少人真正堅信這些道理並付諸行動呢？大多數人雖然知道或同意這些道理，最終總是以各種藉口解釋為何不能「依計而行」。聖經說，信就要行出來，神通過日常生活中的故事傳達救贖的思想意志並不奧祕難懂。真正的奧祕在於人受到渴求束縛，無法正確理解神的救贖思想，導致實現神意志過程變得複雜無比。神不奧祕，反而是人讓神變得神祕不可測。因此，耶穌在《馬太福音》中呼喚人應像兒童般純真[8]。

你可以反思，以上大多經文都與辨別真假虛實有關，如果將這十七個教導（我們還可以從聖經中發現更多）付諸實踐，人是否能夠擺脫世俗的困擾，思想與靈性進入一個新的境界，這不就是心靈救贖？

---

[8] 《馬太福音》18:3-4，「我實在告訴你們，你們若不回轉，變成小孩子的樣式，斷不得進天國。」；「所以凡自己謙卑像這小孩子的，他在天國裡就是最大的。」

第六章
神的道及形象

導讀：對神形象完美的想像不能認識神、也不能認識自己，更不可能獲得祂對你的啟示。神不可知就是奧祕，其積極意義：提醒人不要自我中心對事物妄下判斷，知道自己不知是探索奧祕的思想法則，也是畏懼神的表現。

第一節　神的道

問：神的道是什麼，怎樣認識祂？

道是一個抽象的概念，似乎無所不包。耶穌說，「我就是道路、真理、生命」[1]，認識耶穌基督就認識神道。狹義上，我理解為基督信仰的生活方式、價值觀和倫理道德準則。這樣我能對其所指的具體方向和目標進行描述。我不喜歡空泛理論，能知一個側面就說一面，也清楚自己只是觸及了全貌的一部分。正如「一鳥在手勝於二鳥在林」，抓住一點說一點更為實在。

問：在《約翰福音》中，我注意到十二個門徒中，甚至日後大力宣揚基督思想的彼得並不真正明白和認識耶穌。反而是那個深得耶穌喜愛的門徒，他在耶穌復活後唯一能夠認出復活的耶穌。這是否表明，只有「那個門徒」才真正認識神的道及形象？奇怪的是，

---

[1] 《約翰福音》14:6。

> 聖經沒有詳細介紹這個門徒怎樣認識耶穌的具體內容,他憑什麼能單獨認出復活的耶穌,其他人卻無法做到?他具備什麼樣的智慧和品質?

你的觀察非常細緻。《約翰福音》主題之一,就是討論如何通過耶穌的神跡,認識基督。有趣的是,雖然十二個門徒,都見證過耶穌生前的神跡,但彼得三次不認主,耶穌三次問彼得,「你愛我嗎?」[2] 這顯示了耶穌對彼得是否真正認識祂,愛神的心是否堅定仍然心存疑慮。

問:如果他們不認識耶穌,為什麼還要成為耶穌的門徒?

他們所認識的耶穌,是能行神跡治病;能夠用五餅二魚供應五千人飲食[3];相信能給予他們永生[4];在天國能坐在神右邊有審判世人權柄的耶穌[5]。這些都是他們選擇跟隨耶穌的動機。當耶穌說,他要被釘死,要離開他們時,他們的夢想幻滅了[6],也不管耶穌有多痛苦而平靜地呼呼入睡,對於耶穌預言會復活也置若罔聞[7],當耶穌被抓

2　《約翰福音》21:15-17。

3　《路加福音》9:10-50。

4　《馬太福音》20:20-21,「那時,西庇太兒子的母親,同她兩個兒子上前來拜耶穌,求他一件事。」;「耶穌說,你要什麼呢?她說,願你叫我這兩個兒子在你國裡,一個坐在你右邊,一個坐在你左邊。」

5　《馬太福音》19:27-30,「彼得就對他說,看哪,我們已經撇下所有的跟從你,將來我們要得什麼呢?」,「耶穌說,我實在告訴你們,你們這跟從我的人,到復興的時候,人子坐在他榮耀的寶座上,你們也要坐在十二個寶座上,審判以色列十二個支派。」;「凡為我的名撇下房屋,或是弟兄、姐妹、父親、母親、兒女、田地的,必要得著百倍,並且承受永生。」;「然而有許多在前的將要在後,在後的將要在前。」

6　《馬太福音》17:23,「他們要殺害他,第三日他要復活。門徒就大大地憂愁。」

7　《馬太福音》26:40-41,「來到門徒那裡,見他們睡著了,就對彼得說,怎麼樣,你們不能同我儆醒片時嗎?」;「總要儆醒禱告,免得入了迷惑。你們心靈固然願意,肉體卻軟弱了。」

後，他們都作鳥獸散了[8]，彼得還三次不認主。這些故事不需要考察是否真發生過，你僅從以上就知道，聖經對人性描述太準確，是極有可能發生的故事。

問：約翰福音中提到，真正認識耶穌基督的是那個門徒，這種認識是一種靈性上的認識，但對此沒有詳細的描述。

能走進「窄門」[9]、真正得神道的人非常少。翻遍聖經，我們找不到人如何得神道、以及應具備何種智慧和品質才能得神道的具體指引。這是神向個人的獨特啟示，受限於人類文字和語言表達能力，無法完整描述人靈性的體驗。神的啟示不可能完全形成文字，「只能領悟，不能言傳」。成功得神道的路徑各異，無法設定標準，也沒有具體方法或措施去認識和通過這道「窄門」。

問：「窄門」如此難進，那是否可以選擇「躺平」或「隨緣」，不必努力去追求？人生本就不易，何必再增加一個「不可能」，讓自己多一次遭受挫折的機會？

這是個很好的問題。苦思冥想尋求道的方法往往不會有所收獲。《射雕英雄傳》中，郭靖天資愚鈍，最終卻能達到武功的巔峰，這對聰明人而言是個諷刺。「躺平」或「隨緣」並不是獲得神啟示的有效方法。我們或許不知道如何進入「窄門」，但努力觀察和感悟「窄門」是什麼非常重要。只有瞭解「是什麼」，才能有機會去認識它，否則即使「窄門」在面前，也無從知曉其存在。

---

8 《馬太福音》26:56，「但這一切的事成就了，為要應驗先知書上的話。當下，門徒都離開他逃走了。」

9 《馬太福音》7:13-14，「你們要進窄門，因為引到滅亡，那門是寬的，路是大的，進去的人也多。」；「引到永生，那門是窄的，路是小的，找著的人也少。」

第二節　那個門徒和彼得

問：可否談一下那個門徒的情況？

可以，聖經對他的描述在《約翰福音》21:22中提到，「我若要他等到我來的時候，與你何干？」這表明那個門徒與神的關係是個人的，與他人無關。我們只能探討如何認識「那個門徒」，從觀察人開始，明白人應有什麼性格品質可能得神道比討論神道具體是什麼，如何得道更容易使人悟道。耶穌說，祂就是道路、真理和生命。認識耶穌就是認識神道。復活的耶穌形象多變，意味著祂的道有多種外在表現形式，不容易通過討論神道是什麼，或如何得神道來獲得共識。

問：好的，請說。

經文對那個門徒的描述是「耶穌喜愛的那位門徒」，他的言行顯示出對耶穌基督的認識超越了彼得和其他門徒，甚至包括母親瑪利亞。《約翰福音》20:8提到，「那門徒進了墳墓就信了耶穌復活」，而其他門徒因不明白經上所說而感到困惑；瑪利亞在看到耶穌時並未認出祂[10]，誤以為祂是看園的人[11]。當他們看見大量的魚獲時，那個門徒立即認出岸上的人就是復活的基督[12]，而其他門徒也是在他的提醒下才意識到主已臨在他們中間[13]。

問：很有趣，連自己母親也不認識，反而是外人能認識。

從經文可以看出，耶穌復活後的形象與門徒生前所認識的不同。

10　《約翰福音》20:14。
11　《約翰福音》20:15。
12　《約翰福音》21:4-6。
13　《約翰福音》21:7。

復活後的耶穌形象多變,這意味著如果祂樣貌不變,門徒在打魚時,就不可能不能認出祂來[14]。事實上,經文提到的「認識」是人靈裡認識,那個門徒是通過靈裡認識耶穌,而其他人,包括他母親,則是從外貌上認識耶穌。

問:人靈裡認識?怎樣理解?

神是靈,認識神就是認識祂的靈。耶穌是道成肉身,那個門徒是認識耶穌的靈,其他人僅僅認識耶穌的肉身。中國有句古話:「萬變不離其宗」,這裡的「宗」就是靈,無論事物外表如何變化,仍可以認識其本質。

問:這需要很高的思想境界?

是也不是。「是」,看見別人看不見的東西對他人而言是異乎尋常;「不是」,只要相信世間仍存在許多自己尚未認識的事物,你就有可能從「不是」達到「是」的境界。這需要我們謙卑才能達到這樣思想靈性水準。井底之蛙是指那些否認自己未見過的事物可能存在的人,這樣的人不可能成為「那個門徒」,可以靈裡認識神。靈裡認識神的好處,在聖經中已明確寫道:「你有福了!」[15]

問:耶穌讓那門徒等祂再來[16],是什麼意思?

因為耶穌知道,只有這位門徒真正認識祂呀,只有他能靈裡認識

---

14 《約翰福音》21:4-7。

15 《約翰福音》20:29,「耶穌對他說,你因看見了我才信。那沒有看見就信的,有福了。」

16 《約翰福音》21:22-24。

耶穌。書中提到，是這位門徒寫作《約翰福音》[17]，這是耶穌讓他作基督見證的方式。那門徒與彼得跟隨主和見證福音的方法不同，前者是靈裡認識耶穌基督，而彼得們則是通過具體事件，如耶穌「行神跡」認識基督。儘管兩者皆為耶穌所喜悅，但那位門徒能從靈魂裡認識神，能靈裡認識復活後形象多變的耶穌，而彼得們只能從「眼見為實」來認識耶穌基督。

《約翰福音》通過介紹這兩種不同認識神的方法，告訴我們一個重要的人生道理：認識事物本質與僅從外表認識事物的區別。前者在靈性上可悟道，認識世界和自然法則；而後者只能通過每一個獨立事件來認識事物，難以做到融會貫通。用現代語言表達，前者是規範、標準、理論創新及潮流的引領者，而後者是理論實踐應用者。

問：明白了，《約翰福音》通過論述認識耶穌的不同方式，實際上也揭示了人認識事物的不同層面。

是的，人對事物的認知方式各不相同，但都不會超出各自理智思考能力範圍：第一，能看到事物的本質，即靈裡認識；第二，能夠從表面，由表及裡，通過現象認識本質，如多馬和彼得；第三，僅看到表面卻不明白裡外互相連結道理，認識僅停留在事物外在表現形式，無法認識事物的本質。那個門徒屬於第一種情況，具備從靈裡認識耶穌的能力和智慧，這種能力並非通過多讀書就能獲得，它需要人對人性、自然法則正確理解、深刻反思和體驗，這就是聖經所說，被神揀選的人進窄門的道理。

---

[17] 《約翰福音》21:24，「為這些事作見證，並且記載這些事的，就是這門徒，我們也知道他的見證是真的。」

問：那麼多馬和彼得是怎樣認識神的？

他們對神的認識基本上有實體形象，未見過之事在他們心中是不存在的，他們認識事物方法論依賴眼見為真、看見為實。如果這種方法論能正確比對聖經教導，也能準確建立對神的觀念和信仰，通過每一個獨立事件，從外到內見證耶穌基督。這類門徒通常熱衷於分享見證，大多沒有獨立辨識能力，別人的見證就是他們的見證，難以深入建立個人與基督的關係。

問：我經常聽到信徒說，「對於某件困惑之事，聽到神的話語向其指引」；「模糊或清晰地夢到神與其溝通或呼召其人生方向，遇到了神的救恩……」，這就是「眼見為真、看見為實」的見證？

是的，基督徒將這些經歷稱為見證，他們聲稱聽到「話語」或「依異象而行」都能如願以償。他們將這些體驗視為神的恩典，確證神的信實。但我對此持懷疑態度，這並不是指他們說了假話。我質疑，真心敬拜神的信徒中，有多少比例的人能榮幸獲得這樣神祝福？約伯一生是個義人，遇難時對神呼喊不已，神卻從未按其意願出手拯救他。我們如何僅憑小幸運、或偶遇異象機會就稱為神恩典？從現代知識來看，如果你將腦中的「畫外音」或「夢見神」的經歷與精神、心理專業人士分享，他們往往會對這些神恩典持異議。在他們看來，這樣的體驗不過是大腦化學作用產生障礙，或者是腦葉暫時發生混亂等類似情況的表現。

問：但我確實看到他們真心相信這是神的恩典，並從此走上追隨神的道路，傳頌祂真理，活出神的生命。

確實如此，這就是思想前設（信仰）的道理，你相信已看到「前景」，並堅持前行，終會在旅途中有所得，你會活出你認為應有的樣

子。聖經也記載，彼得一直也聲稱「聽到神的聲音」，呼召他去傳福音，後人為他一生的德行稱他為聖徒，還有紀念他的聖彼得大教堂呢，這就是神學意義上「信心的力量」。有趣的是，《約翰福音》對這些「畫外音」並不是百分百支持，說不同人對「畫外音」有不同的回應，有人聽到是神的聲音，而另外有些人聽到是「打雷」嘈雜音[18]。證明神對人啟示僅有獨特意義。如果固執地認為「畫外音」或「夢境」就是神指引方向，或是唯一路徑，人的精神和心理會產生毛病，我們稱為思想意識混亂，走火入魔。

我還可以告訴你一個有趣的現象，耶穌只是吩咐那門徒今後要為祂作證，但並未詳細說明如何作證，似乎非常信任這個門徒可以用他獨有方法見證基督，並嚴肅告誡彼得不要過問或質疑這個門徒如何工作[19]，神信任這個門徒的自由意志能行出見證基督的模樣。證明見證神的工作也是獨特啟示，人對於神道及形象具體是什麼不可能有共識。

問：這的確很有趣。為什麼會這樣？聖經在這方面也描述不多。

我前面提到，那個門徒是神揀選的人，靈裡認識耶穌的能力和智慧無人能比，甚至他本人也難以清楚表達。自己都無法明確的事，如何能說明、指導他人神靈如何作用？因此，讓那門徒為神作證，意味著他要通過行動展現認識和見證神的道和模樣。這也體現了一種傳福音方法，通過無聲的行動讓他人體驗神的意志和神道。我將在下文中解釋什麼是「無聲行動」。

---

18 《約翰福音》12:28-29，「父阿，願你榮耀你的名，當時就有聲音從天上來說，我已經榮耀了我的名，還要再榮耀。」；「站在旁邊的眾人聽見，就說，打雷了。還有人說，有天使對他說話。」

19 《約翰福音》21:22，「耶穌對他說，我若要他等到我來的時候，與你何干？你跟從我吧。」

問：彼得傳福音就是有聲行動？

是的。彼得認識神方法依賴眼見為真，這種辨認神方法具有普遍性，是大眾所熟悉的思維方式。耶穌選擇彼得而非那個門徒肩負傳福音主要責任是正確的。彼得可以用人的常識和邏輯推理來講解神的道理，這些道理容易被他人理解，因而受到大眾歡迎。這也是為什麼耶穌三次問彼得是否愛祂後，讓他擔任牧羊（傳福音）的職責[20]。在世間的名聲和功績中，彼得比那個門徒更為顯赫。但受大眾歡迎並不意味著聽了彼得講解都能得神道；更顯赫並不意味彼得的信神之道是唯一正確；也不表示他的信神方法論可以替代那個門徒的方法論。反而是後者的方法論更容易讓人走進「窄門」。

問：真的嗎？請詳細解釋一下？

我和那門徒一樣，無法從道理上將這個現象解釋得很清楚。實際上，也沒有可行理論、標準、規範與共識理解神道。大多數情況下，個人依據自己的渴求和理想去追尋，自我想像那門徒的成功形象。我認為，對於普通信徒，探討如何認識「那個門徒」，他應有什麼性格品質可能得神道，比討論神道具體是什麼、如何得道，可能更具現實意義，也容易領悟神道、神形象和獲得對此共識。

問：神形象？神不是靈嗎，怎會有具體神形象？

神是靈，無處不在，神是通過萬事萬物存在、變化和發展來自我啟示。用現代語言就是，我們通過與人和事物互動、經歷去體驗生命價值或意義。把這些可以影響我們觀念和行為的人和事「想像」是神讓他們來指導或示喻我們形成世界觀。我把這些「想像」稱為神意

---

[20] 《約翰福音》21:15-17。

志，這些人和事都有神的形象。

問：有點深奧！

我是從電影「阿甘正傳」[21]得到啟發來認識、理解，「神借人的口或事件來啟喻祂的道理」，我們稱為認識神道。阿甘就是《約翰福音》中「那個門徒」，能認識神形象和祂的道。在電影中媽媽、珍妮、丹少尉和布巴都有神形象，他們的行為、經歷與阿甘互動使他認識神的道和意志。

第三節　神的形象

問：請說明一下。

阿甘一生堅持媽媽教導，靈裡面：一、堅信自己和其他人沒有什麼不同；二、人生有很多可能性，勇敢闖蕩，不要有太多的顧慮[22]；三、憑藉上帝給予天賦做到最好。他的回應和見證：簡單重複鑄成偉大，簡單中蘊含不平凡的人生。

媽媽是家庭長輩，教誨出自她口中，我相信大多人對此都會同意並遵從，特別是小童。但一生堅持媽媽這個教訓，人必須相信媽媽的道理是放之四海而皆準的道理。能夠這樣做到簡單信，人必須具備純真品性。對於純真謙卑的阿甘，媽媽的人生道理就是真理，她具有神形象。

與珍妮的友誼教會了阿甘如何愛與被愛。她不僅是他的朋友和愛人，更是他人生旅途中重要老師。她的複雜、失意經歷和性格塑造了

21　一九九四年好萊塢電影《阿甘正傳》(Forrest Gump)。
22　《馬太福音》6:26,「你們看那天上的飛鳥，也不種，也不收，也不積蓄在倉裡，你們的天父尚且養活它。你們不比飛鳥貴重得多嗎？」

阿甘情感世界，讓他學會了無條件的愛、理解、寬容和珍惜每一天的生活。

丹少尉在戰爭後經歷了極大的創傷，他失去了雙腿和對人生的信心，變得頹廢且自暴自棄，沉迷於酗酒和自怨自艾。然而，阿甘的無條件陪伴和關心逐漸影響了他，最終他走出了陰霾，重新開始了新生活。讓阿甘明白，人需要學會接受生命中的不完美和意外，並找到自己向前看的動力和方向。

布巴和阿甘在戰爭期間達成了一個口頭承諾，那就是一起在戰後開一家捕蝦公司。儘管布巴不幸犧牲，阿甘仍然記住了這個承諾，並在戰後實現了他們的共同夢想。布巴讓阿甘學會了如何堅持承諾，勇敢承擔責任，是責任感讓阿甘幫助布巴家人同時使自己成為人生贏家。

大多人認識的學習，通常都是求學、知識傳授、像媽媽對阿甘教育從上往下。實際上，教與學相互助，用平等對待方式，我們可理解媽媽、珍妮、丹少尉和布巴都是阿甘學習的榜樣，阿甘通過他們的經歷，或因彼此幫助，再次見證施比受更有福。

問：「教與學相互助」與你剛才說他們都有神形象有什麼關係？

如果僅理解為教與學互助關係，當然沒什麼關係。但阿甘在故事中與他們互動所表現出無條件的愛、真實、無私、忠誠和單純視角看待世界，不受複雜社會規則和道德困惑影響，以及異於常人的謙卑品格，你就會理解他們彼此間就是在神意志下互相幫助和轉化生命。

他把「愚鈍」發揮極致，把掛在嘴邊「傻人做傻事」（Stupid is as stupid does），做大眾所定義的「傻事」並不真傻，只有行動、執行力和價值觀才能判斷是「真傻」或是「真聰明」。[23]

---

23 「傻人做傻事」（Stupid is as stupid does）是電影《阿甘正傳》中一句有特別含意的名言。

問：但電影中，沒有一句臺詞說明阿甘是基督徒，他遇到困難也不向神禱告，他不禱告，怎會得到神的垂聽？怎能說明他相信神而得神保佑？電影裡沒有神形象，「畫外音」也沒有向阿甘呼召，怎能說阿甘見證了那個門徒？

你這個問題問的很好，是怎樣認識神形象的問題。神是靈，沒有具體形象，借著腦海內類比的完美形象不可能認識神，更不可能認識祂的真理和教訓。

《約翰福音》所介紹的那門徒也一樣沉默如阿甘。耶穌也斷言，經常把神掛在嘴邊，當著眾人大聲禱告的並不都是真信神[24]。死後復活耶穌形象多變，只有那門徒才真正認識祂，這是非常重要的神啟示。神借阿甘媽媽、珍妮、少尉和布巴的言語或行為教導阿甘和傳授祂的真理。就正如聖經中「那人讓他們在右邊撒網」，那門徒就知道那人就是主耶穌基督。對於阿甘，他們都具有像「那人」的神形象。如果我們如彼得那樣律法化思考神道理及形象，阿甘媽媽沒文化；珍妮沒能力照顧自己；少尉舉止粗魯、頹廢、自暴自棄，沉迷於酗酒；布巴智商可能還比不上阿甘，這些人在彼得們眼裡，怎可能有神形象?！但阿甘不同，他有足夠的愛、謙卑和不論斷人品質。謙卑讓他聽到和看到他們不一樣、富有成效指導，不論斷人讓他能單純視角看待、重視他們任何有益建議和他們生命經歷反映出來的各種正反教訓。媽媽的教導尤如《約翰福音》20:29[25]，他相信看不見、想像中的真理，堅持信心和勇敢前行，就會獲得神的祝福，一切皆有可能改變命運。

如果你對阿甘故事真實性有所懷疑，那麼金庸小說《射鵰英雄

---

24 《馬太福音》23:3，「凡他們所吩咐你們的，你們都要謹守，遵行。但不要效法他們的行為。因為他們能說不能行。」

25 《約翰福音》20:29，「耶穌對他說，你因看見了我才信，那沒有看見就信的，有福了。」

傳》中郭靖也生性愚鈍，孺子可教，最後不也成了一代武林宗師？這個道理不分中西文化差異，是符合自然法則的神定律。故事情節上是虛構，但電影和小說釋放的主題是真實的，它向人訴說真實可行生活態度和生命價值觀。

問：那你意思是生性愚鈍的人，能見證神形象，得神恩典和祂意志？

不是。是愚鈍的人容易見證謙卑品格，他總會容易接納、相信「想像現實」；更容易接受別人的建議、批評指正；避免自我中心，自以為是，先入為主成為「井底之蛙」。謙卑讓人能異乎尋常接受大多人可能抗拒、拒絕相信的人或事。大多基督徒認為神形象應是完美，甚或全然公義化身，但他們忘記了神可以借人的口和行為去教訓和指導人，也可以借著人的不幸彰顯祂榮耀[26]。阿甘就是那門徒的人生續集，神是借媽媽、珍妮、丹少尉和布巴他們的口和行為，影響阿甘生命轉化。他們都有神的形象。阿甘以謙卑品格感悟和見證神形象和祂的道，靈裡相信神借世上人和事對他啟示，最終實現人生自我超越[27]。

問：明白了。好像問題越問越多，我一直有個印象，謙卑是形容，某人得了較高身分地位後仍待人謙虛和謙讓，這詞大多用於形容身分優越的人。很少人像你那樣用謙卑來形容身分地位低微如阿甘這樣的人。

人在社會有高低貴賤，謙卑是一種待人處事態度，謙卑態度讓彼此平等對待、和平共處，這是從人的關係上理解謙卑，這是中國式謙卑。我會在另一章節詳談這問題。

---

26 《約翰福音》9:3，「耶穌回答說，也不是這人犯了罪，也不是他父母犯了罪，是要在他身上顯出神的作為來。」

27 《約翰福音》8:32，「你們必曉得真理，真理必叫你們得以自由。」

第七章
你可以是神

導讀：神就是靈，祂純粹存在於萬事萬物中，人對祂本質的認識沒有真相，也不可能有共識，這就是神奧秘。愛、謙卑和純真品格是認識神的必備條件，人只有通過認識真實自我才能認識神，神是通過人的真實活動呈現祂的實相，一個真實自我就是神。「思無涯者，其行無疆！」

第一節　愛

問：在大多信徒心中，神總是高高在上神聖不可近。他們總是說，人神分隔、人不可能成神；人的智力不具備思考、猜度神的行為。另一方面，我注意到信徒聚會總是開開心心，這就是基督所說的愛嗎？

　　一個高高在上、人神分隔的基督跟傳統中國文化的神沒什麼倆樣，都是那樣莊嚴肅穆、不可親近、神祕莫測。為了得到祂賜福，就必須多向神誠心敬拜、傾訴心中事、祈願祂賜下恩典。華人基督徒就是這樣理解對基督的敬虔態度和真誠禱告。他們常把愛掛在嘴邊，愛就是喜歡、親近、包容、忍耐。似乎有了這些品質，做一個有好道德倫理觀念行為的人必受神賜福。這樣的人生觀跟中國傳統文化「好人有好報」是一樣的，我們對聖經教導和理解建立在中國傳統文化儒釋道基礎上。這樣理解本身沒什麼對錯之分，因為大家都是基於相同文化背景認識基督，彼此相處也融洽，熱情禮待似兄弟姐妹，以此體現

基督的互愛。每次見面他們都很開心以至難捨道別,熱切期待下一次聚會。但這真不是聖經所闡述基督的愛;中國式好「倫理道德」不是聖經所教導屬神靈性;彼此融合並不真實體現聖經所稱的「愛」。

問：聖經的「愛」真正含意是什麼？

要理解聖經的「愛」,首先應理解聖經中基督,神就是愛,認識愛從認識基督開始。如上文〈基督與哲學〉,對基督認識源自柏拉圖理型論。神就是靈,人的靈魂可與祂親近,認識祂。人神並不分隔,加爾文說你認識自己就可以認識神。馬丁路德也說,人可以與神獨自對話,你自己就是祭司,自我認識命運,決定自己未來,不用別人「指導」,自主決定走自己的路。承認人神分隔只是相信人、神思想不同,但人可以學習領悟神的思想達至不分隔。

問：那你意思關鍵是認識自己？那也太難了,我們常說認識自己最難！

是的,非常難,我們常說神奧祕,也是這原因。人於世上,因生存、生活和生命需要,總在人生各階段有不同期待和渴求。另一方面,人是群體生物,所有這些渴求都會遇到傳統文化、風俗習慣、倫理道德評頭品足、質疑、或褒或貶。人受這些內外力量牽扯、挾擊,很容易迷失方向、失去自我、走進困惑。所謂自主決定實際上是失去自由意志的決定,受外力影響身不由己,這樣的決定並不源自對自己真實瞭解和認識。

問：怎樣解決認識自我問題？

愛,憑愛發現真實自我。

問：你說的「愛」,與「聖經的愛」有關係？

「愛」不能簡單理解為「恨」的反義詞或「喜歡」同義詞,愛是

深深的理解和接納。關於愛的概念，我曾在圖書館找到一本，準確地說，是一大卷詞典，專門解釋聖經舊、新約時期「愛」的定義。一個「愛」字解釋竟然寫成數千頁詞典！我閱讀了序言，說是不同歷史時期，人們對「愛」有不同的理解、定義！所以我們對耶穌說的愛，要放到歷史背景去理解，最重要是要看聖經說了什麼？

問：《哥林多前書》13:4-5，「愛是恆久忍耐，又有恩慈。愛是不嫉妒，愛是不自誇，不張狂。不作害羞的事，不求自己的益處，不輕易發怒，不計算人的惡。」

對了。這裡「愛」是指愛神、愛人、愛物，愛世上一切。愛是理解、包容和接納，借著愛與一切人和物連接和發生關係，沒有愛，一切都不會成事，或所謂成事也是虛空。愛是內在性格品質表現，這既是愛的條件也是愛的定義。愛反映在人際關係上不僅是對人或事（比如錯事）恆久忍耐或恩慈包容，而且是指自我渴求，應純然始自愛，而不是發自實用主義；面對各種錯縱複雜局面，能做到恆久忍耐；愛就是純粹的愛，不是因為各種現實原因，如嫉妒、自我誇大、故意自我張揚而愛；發自純粹的愛，不會令自己做錯事、也不會讓別人尷尬；求自己益處就是渴求，不求自己益處發自內心真實意欲才叫愛；不算計他人利益的渴求才算真實愛的渴求。以上這些品質與能力和知識無關，純粹是個人品格和靈性。沒有這些靈性品格，在聖經看來是不能真正成就事情。即使能實現移山填海，也不是神所悅納的成功[1]，皆為虛空。

1　《哥林多前書》13:1-3，「我若能說萬人的方言，並天使的話語卻沒有愛，我就成了鳴的鑼，響的鈸一般。」；「我若有先知講道之能，也明白各樣的奧祕，各樣的知識，而且有全備的信，叫我能夠移山，卻沒有愛，我就算不得什麼。」；「我若將所有的周濟窮人，又捨己身叫人焚燒，卻沒有愛，仍然與我無益。」

簡單概括：愛，純然出自真實意欲和意志，這就是神的愛，是真實自我的愛。當這種真實意欲的愛，體現在人面對任何事物時，人就有了神思想和靈性，就有像神的愛，與神同行的愛。具體表現就是愛自己的本性及其隨之而生的意志和渴求。愛自己本性就是不否認自己，創造力由此產生。

問：有點似懂非懂，人怎樣體驗這樣的愛？

　　當你有了某個愛好（hobby），你如何思想和行動？

問：如我真心喜歡這愛好，我會不惜花費金錢、精力和時間，耗在這事情上呀。這時我不會計較愛好是否達到何種高度水準和從中獲取什麼收益；也不會計較別人議論我笨笨地耗費光陰或浪費生命；我會專注於享受這個愛好，也會從一點點進步中由衷地感到快樂。

　　這就是純粹、真實的愛！在電影《阿甘正傳》中有個情節特別能說明什麼是愛：阿甘堅持長跑三年，引領全美健身熱潮，大批記者採訪追問「跑」是否為慈善公益或有什麼特別原因，他回答，「我喜歡跑，沒有什麼特別理由。」[2] 著名演員劉曉慶在某次採訪中說自己每天跑八千步、洗冷水澡、堅持學啞巴英文，主持人問：「這種意志毅力從那裡來的？」她簡單答道，「我喜歡這樣」。這就是聖經所說全然發自真實意願，做事有愛。人類偉大創造始發於這種全身投入，不求回報的愛，沒有愛一切也枉然[3]。基督的愛不僅指倫理道德，而且是靈性上的品格和氣質。

---

[2] 電影《阿甘正傳》，「我喜歡跑，沒有什麼特別理由。」原文"I love it, without any particular reason."

[3] 《哥林多前書》13:2，「我若有先知講道之能，也明白各樣的奧秘，各樣的知識，而且有全備的信，叫我能夠移山，卻沒有愛，我就算不得甚麼。」

問：愛神，神就會祝福人是什麼意思？

看來你開始思考！以上只是說，做任何事情或與人交往應有愛，愛就是純粹從內心喜歡、投入極大熱情、並接受過程中出現任何狀況，包括歡愉、困惑和挫折。真正的愛，是愛神，從靈修中體驗愛真實自我，「好好愛自己」就是這意思。大多數人只是愛自己在世上的角色，愛自己世上角色，就是不愛神，愛真實自我才是愛神。當「角色的我」和「真實的我」發生衝突時，就會迷失自我，不能認識自己，也不認識神。純粹、真實的愛，才會被神接納，這就是「愛神，神就會祝福人」的道理。人做事有愛，神會輔助、保佑人成事。謀事有愛，神助人成事。

問：「謀事有愛，神助人成事」，此話怎理解？

《馬太福音》25:40，「這些事你們既作在我這弟兄中一個最小的身上，就是作在我身上了。」這裡最小就是最無價值，經文意指，人凡事有愛就是愛神、屬於神的愛。

問：最小弟兄為什麼理解為「凡事」？

在一世紀時代，婦人和小童身分地位最低，小童甚至比不上婦人。糟蹋小童、生病或意外死亡都是習以為常的事[4]。小童由於沒有生產力，其價不值一文。所以，我們可以把愛最小兄弟理解成「凡事都應有愛」。耶穌還在《馬太福音》18:5說道，「凡為我的名，接待一個像這小孩子的，就是接待我。」凡事有愛就是愛神，這是神的愛。可見耶穌「愛」的思想觀點與當時希臘、羅馬傳統文化格格不入，不被

4　《馬太福音》18:25，「因為他沒有什麼償還之物，主人吩咐把他和他妻子兒女，並一切所有的都賣了償還。」

當時社會主流思想接受。他的思想用當時社會價值觀來比較是劃時代進步，但對於保守勢力來說就是思想上反動，這是他被判死原因之一。

問：哦，明白。容我插一句，剛才《哥林多前書》13:4-5經文說，「愛不能有對人對己算計」，否則不能成事，即使成事也不獲神悅納。我讀你上文亞伯拉罕和雅各的故事，他們很算計呀，但皆獲神的祝福。

這問題問的好！亞伯拉罕和雅各的生平，是愛神的故事。無論前者如何像曹操那樣使用政治手段，後者耍小聰明騙其丈人得更多羔羊或與神摔跤，只要人愛神（這是亞伯拉罕和雅各的品格），神會按人本性祝福人。這樣的人在聖經新約中稱為新造的人，借著愛神與世界發生關係。新造的人（有神思想的人）不受周遭環境左右，其判斷、審美能力不受他人影響，也不受社會主流共識影響，精神和行為上表現為獨立獨行[5]。

問：人的本性有好有壞、也有善惡，看來神的祝福也不是我們所理解的完全美善。

神意志無所謂對錯、善惡。《出埃及記》中，神應許、賜福猶太人攻占迦南地，對於猶太人而言，神是善；對於迦南人來說，神是惡。我跟你談的是神學議題，不是道德議題。所以，人愛神，是既無條件、也是有條件對人祝福。人愛神是前提條件，神因人愛神而無條件賜下祝福，神信實就是這道理。

---

[5]　《約翰一書》2:15,「不要愛世界和世界上的事。人若愛世界，愛父的心就不在他裡面了。」；《哥林多後書》5:17,「若有人在基督裡，他就是新造的人，舊事已過，都變成新的了。」

問：怎樣才可做到人愛神？

凡事有愛，愛自己本性，不否定自我，就是愛神，《馬太福音》25:40，「我實在告訴你們，這些事你們既作在我這弟兄中一個最小的身上，就是作在我身上了。」

問：愛神感覺是怎樣的？

我再讀一遍，《哥林多前書》13:4-5經文，「愛是恆久忍耐，又有恩慈。愛是不嫉妒，愛是不自誇，不張狂。不作害羞的事，不求自己的益處。不輕易發怒。不計算人的惡。」

愛源自真實自我，想獲得愛神體驗，應從瞭解真實自我開始，需要憑以上經文作參照，自己靈魂作一個第三者（公證旁觀者）對自己愛的思想及行動逐一觀察是否恆久忍耐、恩慈、不計算人的惡、不求自己益處。我為什麼喜歡（愛）這事情？出於真實感情上喜歡或是理智思考？如果是前者，恭喜你，你已達到約伯斯（Steve Jobs）所稱境界，真實、隨心、憑直覺判斷而行動，神會祝福你。基督徒常說，神是信實你愛祂，祂必賜你福氣，就是這意思。如果是後者，生活、工作和家庭需要喜歡這件事（工作），這就是算計，除非在過程中學習和改變成真心喜歡工作，否則，神不會因此祝福你，即使你憑能力成事，你不能享受成功帶來的樂趣，因為這過程充滿了焦慮等待。

問：怎樣瞭解真實自我？

正如擾亂人心智不是客觀事情，而是人對客觀事情的見解。真實自我，會在你充分瞭解何謂貪欲，世俗心和個人榮耀並超越它們之後發生。要瞭解這些，實現自我超越，就必須覺察到自己念頭和感受它如何流動，這需要有意識的努力、反思、耐心且友善態度瞭解湧現的自我渴求念頭。當人認識了這渴求真相，思想和感受從束縛中釋放，

人就會正確面對各種誘惑和挑戰。若能如此，自我認識這種最高智慧將會由此而生，就可做到真實、隨心、隨性、憑直覺判斷行動而不受世俗意識影響，最後發揮出無窮創造能力。

問：你以上解釋顛覆了我理解耶穌愛的定義。

愛是個正面詞，你運用它會起正面作用。正面作用並不意味必然有善或對的效果，而是無所謂對錯、善惡的結果。人生本相是灰色，所謂對錯、善惡是人的判斷，不是神智慧判斷。你有愛，神會助你實現。但不是每個人都會贊許，願意模仿和學習你愛的成就，你的神意志於他人不起作用，這就是你看到生活現實。

第二節　謙卑

聖經說，神就是愛，很顯然愛不能簡單理解成「喜歡」或更高級「喜歡」，愛就是神的本質、屬性。既然是神的本性，就不能按人所理解的愛去理解神的愛。同樣地，神的謙卑也不能簡單理解成忍讓、態度上對別人禮讓、溫良謙恭，基督式謙卑能讓人實現靈性上自我超越。

問：基督式謙卑是什麼？

談基督式謙卑前，先瞭解世人口中謙卑。謙卑（HUMBLE, showing you do not think that you are as important as other people）。這基本就是謙卑標準意思，面對他人弱化自我評價，以他人為先、為大、為高。

《路加福音》22:26，「但你們不可這樣。你們裡頭為大的，倒要像年幼的。為首領的，倒要像服事人。」

《馬太福音》23:11，「你們中間誰為大，誰就要作你們的用人。」

《馬太福音》23:12，「凡自高的必降為卑，自卑的必升為高。」

對於以上經文，普遍理解就是人處於財富或社會優勢地位，應禮賢下士、仗義疏財和悲天憫人對世事。借著聲望以身作則，積福行善。由於身處高位必事半功倍，這是君子處世之道。由於金字塔型社會，毫無疑問若君子誠心實事必受惠他人，地位越高受益大眾越廣泛，以此彰顯謙卑品格帶來的果效。

問：我就是這樣理解謙卑，無論我處於什麼社會地位，面對這詞，第一個反應就是「退縮」和禮讓。我從小接受教育就是謙卑總會讓別人舒服。別人舒服了，彼此關係會得到提升，萬事亨通、和氣生財。

是的，我們從小被教育謙讓，溫良謙恭。查閱聖經，讀到謙卑這詞，很自然想到「謙讓」和「卑微」，在別人面前弱化自我評價，也就是對人和事「禮讓」和「謙虛」的意思。很多人對此理解和付諸行動，凡事忍讓，退一步海闊天空，收斂自己鋒芒（也可能是偽裝）萬事可趨吉避凶。中華傳統文化「百忍成金」，「百忍」就是「謙卑」同義詞，成金就是目的，謙卑可能會得到很多意想不到的物質豐裕和好處。「謙卑」顯然成了人生登頂至理名言，也成了判斷人，和判斷善惡標準。這個標準正如孫隆基，《中國文化的深層結構》指出，中國人是通過與他人關係，由他人評價來自我定義。顯然華人傳統中，謙卑品格沒有獨立人格意志內含，謙卑常常是引起他人注意的外在表現，是真或假不重要，重要是能獲好評或得好處。

我認為，過度強調謙卑，人可能失去自尊、自豪感、失去自我應有評價。古羅馬詩人賀拉斯說，「你必須強迫自己接受應有的驕傲」。「謙卑是美德」這句話是蠢人的一項聰明發明，因為根據這一說法，每個人都要把自己說成像一個傻瓜似的，這就巧妙地把所有人都拉到同一個水平線上。這樣做的結果就是在這世界上，似乎除了傻瓜之

外,再沒別樣的人了。這句話特別適合提醒,那些經常同溫層聚會,以中國式謙卑論人斷事的人。

　　約伯對於自己困境呼天搶地、怨命運對他不公、抱怨神不聽他申訴,希望與神爭辯。那四位朋友也斷言,約伯犯了對神不恭敬罪,應謙卑接受教育,不能質疑神。神在《約伯記》38-41章指出,約伯對於很多事既然不知,就可以坦誠地問,抱著批判精神對神權威都可以質疑,不恥下問不是自傲,反而是最大謙卑品質。

　　基督式謙卑體現在弱化自我判斷力,即放棄自我中心,凡事不可妄下結論,要求人要有批判性思維精神,能質疑自我判斷能力,反思對人和事的判斷結論。

問:看來我是帶著中國特色謙卑概念理解耶穌所說的謙卑。

　　你這個理解具有普遍性,耶穌式謙卑是靈性上啟示,對於富裕階層是錦上添花,對於底層百姓是雪中送炭。

問:請詳述。

　　捐贈千金,耗費時間精力惠及社會,對於富裕上層人士舉手之勞。而對於勞碌人生的平民百姓,財富遙不可及,時間精力大多耗費於滿足三餐,如何有能力、時間和精力服務他人?中國式謙卑教導對於上層人士可謂錦上添花名利雙收,但對於底層教育沒有實際意義也不具操作性。在人分尊卑貴賤的華人社會,大量現實例子證明,底層謙卑、禮讓大多是失去尊嚴的同義詞。要求中國式謙卑,無疑在他們身上多踩上一腳,是正確廢話,於他們生活品質提高沒有幫助,所謂百忍成金對他們而言沒有現實意義。

問：且慢，我的確發現有些人能做到百忍成金，你這話是否有點過頭了？

我上文說，我們應從靈性上理解基督式謙卑。「百忍」意味著你為了「得金」，精神上可能失去很多。越王勾踐臥薪嚐膽故事家喻戶曉，他是「百忍」得了江山。謀臣范蠡說，越王可以共患難，不能同享樂。他的兒子們為了皇權互相殘殺，越王的「百忍」顯然也不是個好榜樣。

問：越王勾踐只是個極端例子，有很多例子也證明，人因為待人禮讓、謙和得到物質和精神上雙豐收。

我剛才說，我們應從靈性上理解耶穌式謙卑。人們口中傳頌的謙和、禮讓、百忍成金、臥薪嚐膽都是人外在表現，我們只是憑外在表現判斷他／她為什麼會得金。

問：人不就是從外在表現判斷他人心靈嗎？

這話的確不假，外在表現有真假，比如人前裝禮讓，得了謙卑好名聲，就可「得金」，我們不是聽到很多假仁假義故事嗎？

最近二十年很多人都在議論，並稱讚「情商」在為人處世方面百利無一害，通過彼此良好溝通來獲得好關係，似乎這是「得金」最佳路徑。但我認為，強調「情商」，就會可能產生口不對心，如何能表現真實自我和意願？能言善辯，真會讓別人感受到你的真性情？你到底是用真我或是假我與人打交道？你可能辯稱，高情商是指能妥當讓對方感到真心實意的「情商」，那麼，說到底所謂高情商還是如何展示「真」的問題。如果考慮到對方認識你（個性）親疏程度，高情商的好效果實際上可能是對方包容你「真」表現的後果，而不是你炫耀的高情商。另一方面，對方在不太瞭解你的情況下，你的高情商很可

能被對方認為是裝模作樣，而不是什麼禮儀標準或社交規範。教導人如何具體高情商待人處事是正確廢話，無意義的心靈雞湯。

現實中我們常常看到，「百忍成金」成了包容一切，不分是非曲直、正誤，表現為不敢或不善於表達自己情緒、思想和需求，這經常導致社會不平、不公現象肆虐橫行。個人方面，由於長期受不公正待遇而產生精神、心身不健康。在靈性方面，「忍耐」自己不滿意現狀，就會產生處世態度得過且過，容易導致麻木情緒、安於現狀、還誤會為知足常樂，最後導致沒有學習能力，失去自我革新動力。對於「百忍成金」，要有正確認識、小心求證，才能產生勵志人生意義。

問：我想知道你說靈性上理解耶穌式謙卑是什麼。

《箴言》9:10，「敬畏耶和華是智慧的開端；認識至聖者便是聰明。」

問：嘩，又來玄學，耍奧祕了？

大多人理解這經文：耶和華智慧無窮，要認識祂，認識了就可得智慧；應該多讀聖經，虛心聽別人講解；不能自我中心去想像神作為，應以神為大，要敬拜祂。多些敬虔心，誠心禱告，就會認識神，便得智慧。

但我認為，這經文真如「智慧的開端」——靈性上理解耶穌式謙卑為開端：耶和華真的智慧無窮，反襯了人在認識事物上智力上不足。敬畏神，意思就是人不要妄自尊大，不要自我中心，時刻提醒自己要謙卑，所知不多。「敬畏神」不是懼怕神報應或懲罰自己不良行為或罪惡，「知道自己不知」就是對「敬畏神」最好、最真接的正面回應和反思，以為自知或一知半解才是靈性上最大的惡，對人對己都會帶來損害。人所謂認識事物真相只是事物本相很少一部分，僅是事

物一個側面或片斷，叔本華說，「人認識的僅是表象的世界」[6]，所以我們永遠不能說自己已知事物真相。偉大蘇格拉底幾千年前就說，「我只知道自己不知」。「不知道」可以讓人謙卑，留心觀察那未知部分。很多沒有學習能力的人不是他們不夠聰明，而是他們「聰明」地斷定，沒見過，沒體驗過那部分事物不存在。因此他們錯過了見識事物的大部分，甚至是非常精彩部分，中國人形容這些人是井底之蛙。

相信未知可能存在，就如相信「不可知耶和華」可能存在那樣，這是智慧開端，人需要謙卑才能見證這智慧開端。智慧在於探索，好奇心就是智慧的同義詞。《約翰福音》20:29，「耶穌對他說，你因看見了我才信。那沒有看見就信的，有福了。」相信看不見的神存在，你也會相信沒見過的事也可能存在。要相信未見過之事可能存在，人必須打破自我中心，拋棄固執己見和自以為是。謙卑於人最大意義是承認自己無知，只有謙卑才可能相信未見之事可能存在，正如耶和華也可能存在一樣，這樣才能生出好奇心探索未知。探索未知過程，就是見證造物主在宇宙中的奧祕作為，見證祂的美善。人也因發現奧祕（未知）而得到認知和能力上自我超越，因為他已看見之前沒看見、沒體驗過的事；他已做到之前幾乎不敢相信的事。承認自己無知就是謙卑，承認沒有看見之事可能真實存在，對未知存好奇心、保持敬畏之心、永遠學習態度，打破自設障眼術，讓視野進入一個更廣闊天地，這是人打破束縛，實現超越始點，才可見證實現神跡。

謙卑不是忍讓同義詞，雅各與神摔跤故事見證了忍讓品格得不到神庇佑。人在神面前需要有爭勝勇氣，才可獲神賜福[7]。

6　叔本華：《作為意志和表象的世界》（*The World as Will and Representation*）。

7　《創世記》32:28，「那人說，你的名不要再叫雅各，要叫以色列。因為你與神與人較力，都得了勝。」

問：明白了，這就是靈性上謙卑。

謙卑來自真實有愛、純真自我，它不是被迫於現實的反應，也不是為滿足自我渴求而應當學習和具備的品格和能力，也不是為了得「金」所以人應謙卑。謙卑始於純真，就是堅信某個觀念、世界觀，用現代語言就是「傻傻」地信。而這樣的信，會發掘早已被神賜下天賦，並讓人實現自己夢想，基督徒稱為見證神跡。這樣純真、謙卑故事非阿甘莫屬[8]。在大多數人看來「愚鈍」就是阿甘純潔品質，謙卑性格。這樣的品格發揮到極致，就得到神輔助和保佑。《馬太福音》18:10，「你們要小心，不可輕看這小子裡的一個。我告訴你們，他們使者在天上，常見我天父的面。」這經文明白無誤表明，命運垂青於心地純潔如幼童的人。

問：阿甘故事，就是你說「謙卑對於底層階級是雪中送炭」？

是的，社會貧富懸殊，階層固化。物質、思想精神不在一個層次上，彼此難有共同語言，底層通過交流從高層那裡學習智慧例子絕無僅有、屈指可數。阿甘故事絕妙之處在於告訴人，只需要有純真謙卑品質，底層可以互相學習生活智慧：阿甘堅守媽媽教導；謹記珍妮提醒；與少尉友誼互動，幫助其（少尉）走出人生困惑；遵守承諾實現布巴願望，這些就是底層互相學習、感悟生活智慧的道理。若不謙卑、偏執於導師（或神）應有完美形象的觀念去尋找學習榜樣，朋友、老師和前輩的缺點，妨礙我們向這些人學習。阿甘也不可能從他們那裡學習和感悟生命啟示。謙卑品格，讓阿甘可以向任何人學習，用現代語稱為開放態度（open minded）。在這世上，一個能力、智慧上等，又和顏悅色，舉止完美無瑕，向別人賜教的人絕無僅有。我們

8　一九九四年好萊塢電影《阿甘正傳》（*Forrest Gump*）。

試圖尋找這樣完美的人接受他教育，倒不如調整一下自己，以謙卑態度對待那些優缺點同樣突出的「猛人」。很多時候人們通常認為不好的「缺點」，很可能就是成為高人或從中吸取教訓的原因，這需要學習者以謙卑之心體會這個道理。《射鵰英雄傳》郭靖也如阿甘一樣純真謙卑，他們的人生故事對人的啟示起異曲同工之妙。

《馬太福音》7:14,「引到永生，那門是窄的，路是小的，找著的人也少。」這經文寓意：窄門，可引領人至神面前認識神、獲得神智慧和意志。人只有謙卑才可能認識神，開啟智慧[9]。你可以說不知如何尋找進入窄門的道路，謙卑就是人進入窄門的必備條件。

問：「窄門」就是認識神道的門、進了窄門，人就有屬神品格？

是的，這些品格就是從謙卑開始。謙卑能引領人認識神思想意志和祂的道，見證神形象，活出屬神品格。謙卑就是認識神的必備條件和始點，進了這「窄門」人能真正認識神、有神的思想和形象，人可以是神。

第三節　神形象與神諭

問：人有神形象，可以成為神，這不違反一神論信仰？

人皆祭司，每個人都可以說出對神獨特體驗；我們經常聽到「行出神模樣」，要有「屬神品質」。請思考，能行出神模樣或有屬神品質的人是什麼人？是「聖徒」嗎？既然聖徒有屬神品格，聖徒與神有何區別？既然神是靈，聖徒有神的靈，聖徒與神又有何區別？

---

[9]　《箴言》9:10,「敬畏耶和華是智慧的開端；認識至聖者便是聰明。」

問：但人變成神不就是泛神論？

《約翰福音》說，耶穌復活後，形象有了變化，門徒也認不出他來。「那門徒」能靈裡認出耶穌，而其他門徒憑肉身辨認耶穌兩次皆失敗：第一次是復活耶穌樣貌（《約翰福音》20:19-20）；第二次是門徒在打魚時（《約翰福音》21:4-7），這兩次皆證實耶穌形象前後不一樣，否則，第一次見過耶穌的門徒，不可能在第二次打漁時認不出耶穌。我想問，在這倆故事中，到底有幾個耶穌，兩個嗎？

問：一個呀。聖經說，第一次是耶穌露了受傷真身體，第二次是「那門徒」靈裡認出來祂，大家就相信。

聖經告訴世人，神無處不在。既然神無處不在，那祂通過萬事萬物表現祂的存在，那到底是一個神還是萬個神？

問：一個神呀。

以上說阿甘媽媽、珍妮、少尉和布巴對於阿甘來說，都有神形象，是神借他們的口向阿甘賜教，他們都有神形象，是四個神？難道說他們代替了耶穌，讓耶穌神聖失色？矮化了耶穌形象？

我們總說唯一神論，神是靈，又期待一個完美道成肉身神「再來」，我們到底是期待神靈還是神的肉身再來？神已通過《約翰福音》「那個門徒」啟示，我們有可能認識的是神靈，已不是神的肉身。所以，有理由設想，我們所等待的是神靈而不是肉身。若真有度成肉身的神再來，我們也不可能認識祂，有可能像對待耶穌那樣，再一次把祂送上十字架。真有如《啟示錄》所說歡天喜地、鑼鼓喧天，滿世界迎接神再來臨[10]，來的是真神嗎？一九三九年前的希特勒受歡迎程度

---

10 《啟示錄》1:7，「看哪，他駕雲降臨，眾目要看見他，連刺他的人也要看見他，地

不亞於《啟示錄》所說歡天喜地的擁護，希特勒是真神再現嗎？

問：有道理！

人可以是神，行出的神模樣可能並不是人所想像的完美形象。歷史上多次證明，反而眾人狂熱擁護，一致公認完美的像神人物反而為人類帶來極大危害。能成為他人某種啟示意義，比如阿甘媽媽對於阿甘的啟示，她就有神的形象。這啟示可能僅對阿甘起作用，對於他人並不起作用，就像《約翰福音》「那門徒」在打魚時，馬上就認出耶穌，而其他門徒茫然不知耶穌已臨人間。要見證神大能力，在於人有「那門徒」認識神的心智和水準。你可以說阿甘媽媽不是神，但對於阿甘，他媽媽就是神、有神的形象，她對阿甘的教導就是神啟示。神就是靈，神通過不同的人、物或事件彰顯自己。你可以說，這些仲介人、物或事都有神屬性，對於領受者他們都是神。

問：現在普遍說法也是神通過不同的人、物或事件彰顯自己。為什麼你強調，對於領受者這些仲介人、物或事都是神？

這說法不是我首創，《約翰福音》，「那門徒」憑「那人」說從右邊撒網，就認出「那人」是神[11]。經文啟示，人只要像「那門徒」，就

上的萬族都要因他哀哭。這話是真實的。阿們。」；19:1，「此後，我聽見好像群眾在天上大聲說，哈利路亞；救恩、榮耀、權能，都屬乎我們的神。」；19:5，「有聲音從寶座出來說，神的眾僕人哪，凡敬畏他的，無論大小，都要讚美我們的神。」；19:14，「在天上的眾軍，騎著白馬，穿著細麻衣，又白又潔，跟隨他。」；21:3，「我聽見有大聲音從寶座出來說，看哪，神的帳幕在人間。他要與人同住，他們要作他的子民，神要親自與他們同在，作他們的神。」

11 《約翰福音》21:6-7，「耶穌說，你們把網撒在船的右邊，就必得著。他們便撒下網去，竟拉不上來了，因為魚甚多。」；「耶穌所愛的那門徒對彼得說，是主。那時西門彼得赤著身子，一聽見是主，就束上一件外衣，跳在海裡。」

會知道神是誰。耶穌讓他來做神的見證就是因為他能認出神[12]。「那人」對於「那門徒」就是神，就正如阿甘媽媽對於阿甘就是神那樣。如果我們僅滿足，或流於表面道理「神通過不同人、物或事件彰顯祂自己」，不深究認識神形象是什麼、神是誰，你頂多就是彼得，或神是誰，由彼得（別人）說了算。我們怎能實踐人皆祭司的真理？耶穌讓彼得負責傳福音[13]，並沒讓他作神的見證人，見證工作由「那門徒」負責[14]。「那門徒」除了是神信徒外，沒有其他身分，也沒有具體事奉神的工作。意思就是神的信徒都有可能成為「那門徒」，而負責傳福音者有可能並不真正認識神。這就是我為什麼強調，對於領受者「那門徒」阿甘式謙卑人物，就有可能認識具有神形象的仲介人、物或事，這些人都是神的使者、或神的化身。否則口中「神呀、神呀！」你真認識神？

問：人可以是神具體表現在哪些品格上？

具體表現在自由精神和獨立意志品格上。自由精神就是一個獨立於他人的人，他行使意志及行為不受他人影響。我們常說，有神的思想（屬神靈性）、與神同行。既然有屬神意志，不是屬人意志，不是與人同行的意志。他只與神發生關係、不與人發生關係，他只受神影響、不受人影響的人。很顯然這個屬神的人不是大眾普遍概念意義的人，他是個與眾不同，具有自由精神和獨立意志的人。

---

[12] 《約翰福音》21:24，「為這些事作見證，並且記載這些事的，就是這門徒。我們也知道他的見證是真的。」

[13] 《約翰福音》21:17，「第三次對他說，約翰的兒子西門，你愛我嗎？彼得因為耶穌第三次對他說，你愛我嗎？就憂愁，對耶穌說，主阿，你是無所不知的，你知道我愛你。耶穌說，你餵養我的羊。」

[14] 《約翰福音》21:22，「耶穌對他說，我若要他等到我來的時候，與你何干？你跟從我吧。」

第四節　十字架人生

問：這太好了，我也希望能有神的思想靈性，做一個神授的快樂者。我特別讚賞有些基督徒廣受大眾喜歡，人人都稱他們有神思想，都以他們為榜樣，希望成為一個與神同行的人。

且慢，我剛才不是說，一個與神同行的人只與神發生關係、不與人發生關係，他只受神影響、不受人影響。他們的思想境界已超出大眾所能理解的水準和範圍，這樣的人怎能被大眾喜歡？真正有神靈性的人，其思想不易被人理解，他們靈魂與世界之間有距離，其命運注定孤獨，沒多少人能理解，他們享受與神同樂的生活方式。你可試著真心自問，想成為阿甘式人物嗎？大多人可能希望成為像他那樣成功的人，但很少人像他那樣能面對遭受被奚落的人生。換言之，大眾所定義的與神同行與本文所定義的不同。明白後者才能理解耶穌被釘死；真理永遠屬於少數者；能進入窄門，被神所選之人很少的道理。

問：他只與神發生關係、不與人發生關係是什麼意思，不吃人間煙火？

人神分隔表現在靈性上分隔，只與神發生關係意思是他因與神有關係而有神思想意志，不與人發生關係意思是他沒有俗人的意志。耶穌臨死前一天還與信徒聚餐、講神聖道理，如此莊重嚴肅時刻表現在晚餐上，神怎會主張不吃人間煙火？！強調不與人發生關係不是主張不與人打交道，耶穌基督不是說「神愛世人」嗎？怎會主張不與人打交道。神是以祂思想意志與人打交道。祂思想不受他人、公眾輿論、大眾共識影響，甚至不受傳統文化、風俗習慣的影響。人的神意志外在表現就是自由精神和獨立人格意志，其內在都具有真實、純真的愛和謙卑品格。

問：人有神意志有何啟示意義？

兩方面積極意義：人只要謙卑，做事有愛，神無處不在，隨時都可見證神啟示、神跡。另一方面，你成為他人學習榜樣，你的生命有了意義，能影響和惠及他人。

神就是人的思想、意識形態、世界觀，神的思想借由人的思想和行為表現出來。人有神形象不是鼓吹泛神論，而是相信人可以實際體驗基督教導，能活出像（屬）神模樣。許多人都希望自己有屬神模樣，成為神一樣的人物。現實例子，成為這樣的人即使受人尊敬，大多情況並不受人歡迎。

問：此話怎理解？

自由精神、獨立人格，意味著與眾不同，與主流意識和公認倫理道德可能有不相符合的地方，這樣的人怎會受大眾歡迎？在大多情況下，神人物經常不被人理解，因為他整個生命只與神發生關係。儘管他對人對事有純真的愛，大多會被眾人誤解，耶穌被釘死就是最好例子：耶穌應付法利賽人質疑、行神跡治病、對人言之在理的教導，很受人尊敬，但他的死證明不受人歡迎。聖經記載，認為耶穌妖言惑眾，有人想把祂推下山崖[15]。受大眾歡迎的人物，因為他／她知曉眾人心思，知道大眾所思所想，沿著主流社會倫理價值觀，投其所好便可得到眾人歡迎，甚至可被人稱頌為有神思想靈性的人。這樣的「福音傳播大使」真不是神人物，受大眾喜愛正好表明他只是大眾中普通一員，他的思想水準與大眾無異，不可能成為開創未來思潮領導者。這些被稱為受人尊敬的權威人物，大多因為大眾，或因受輿論影響混淆了喜歡、尊敬和信服，不能辨明真正神的使者。

---

[15] 《路加福音》4:29,「就起來攆他出城，他們的城造在山上，他們帶他到山崖，要把他推下去。」

《馬太福音》26:11-13,「因為常有窮人和你們同在,只是你們不常有我」;「他將這香膏澆在我身上,是為我安葬作的。」;「我實在告訴你們,普天之下,無論在甚麼地方傳這福音,也要述說這女人所行的,作個紀念。」這段經文,耶穌神諭我們應怎樣接待和信服權威:真正熱愛、敬虔和信服發自真正的認識,信服權威建立在真正認識權威基礎上。這樣能真正認識的人不會多,尤如「不常有我」。大多數人口中的熱愛和敬虔發始於情緒上悅納,並不真正認識而盲目熱情追捧「權威」。如果因為同情或因為你帶有目的性喜歡這麼做,那麼你的行為沒有價值,甚至對己帶來危害。只有明白、認識、尊敬、信服什麼,繼而堅信是對的,你才會不惜獻出昂貴的「香膏」,你的表現才是真信服和敬虔權威。

問:你似乎想說明,我們應小心謹慎不要隨便信服和追隨權威,信服應建立在自己真正認識權威的基礎上,否則出於感情上的熱烈追隨,或受別人情緒影響而信服權威,將會為自己帶來災難,《烏合之眾》[16]好像談了許多這樣道理。

是的,不真正認識,不需敬虔、也不擁護,不要隨便信服權威。從情緒上因「喜歡」而認識事物,往往與真理失之交臂。別有用心之人投大眾所好,為爭取悅納,指鹿為馬。結果,大眾所喜歡和接受的「真理」大多是謊言、謬論。能聽明白而尊行《馬太福音》26:11-13的人不會太多。美國開國元勳之一湯瑪斯・潘恩,他的著作《人的權利》、《常識》和《理性時代》名滿天下,美國憲法精神也深受其影響。這樣的神人物,儘管他一再聲稱自己信奉上帝,但沒有多少同年代基督徒認識他及其思想,反而因他著作,把他貶稱為「自然神論

---

16 古斯塔夫・勒龐:《烏合之眾:激情、非理性、領袖崇拜,盲目群體的心理陷阱》。

者」，不是真正基督徒。到了晚年臨近死亡，潘恩才謹小慎微、弱弱地寫下自己對神的真實看法，其所受待遇就差不用上十字架，比耶穌要好一點[17]。

問：我似乎明白耶穌被釘死的道理！

是的，我們可以換上現代語言風格，簡述四福音書耶穌所受待遇以說明觀點：有獨立人格的人遭遇大多不受人理解。當試著解釋你的思想，由於語言對靈魂描述的局限性，真沒有多少人能瞭解你所思所想，包括內心平靜、喜悅、熱情和獨特見解；他們也許因你的思想能力表現與眾不同而聆聽你話語，卻因世俗所習成沒法領受你的道理，更不可能體驗和領悟你前瞻思想、遠大目光；他們會嘗試以你為榜樣向你學習，但因能力所限、誤解、偏見而誤傳播你的話語；很多人會嫉妒你怎會擁有他們沒有，或苦尋不到的見識和思想境界，繼而厭惡，也可能因認為既得利益受損轉成憤怒；有人會憑傳統倫理、風俗試圖點評、說服或貶斥其實不瞭解真理的人是你；如果仍然無法把你拉回到他們所認識的水準或不能理解你與神同在的喜悅，他們就會設法傷害你；當你表現出如蘇格拉底那樣追求和堅持真理的頑強精神至死不渝時，他們一定會釘死你，讓你一嘗耶穌受死之味。當他們真領悟到你面對死亡，仍對真理表現出執著，轉而重新關注你所說的道理，最後可能出於現實考慮或需要，把你尊稱為聖人，尊重敬拜你。這就是有神思想意志的人不受人歡迎的道理，我們不是經常說，人神分隔？這也是人神分隔道理。

---

[17] 湯瑪斯・潘恩《理性時代》寫道，「多年以來，我一直打算將我對宗教的看法公之於世。我非常清楚做這件事所要面對的重重困難，也正是出於這種顧慮，我最後決定將它留到生命的暮年來完成。我打算把此書當作獻給所有同胞的最後一件禮物，到時候，即使那些不同意此書觀點的人，也不會懷疑我寫作該書的動機。」

問：做一個自由精神、獨立人格的人也太為難自己了！

是的，與神同行之人注定命運孤獨，甚至最親近的人也不會理解你[18]。在人生旅途中大多被人誤解，繼而被大眾鞭撻，我稱為十字架人生。偉大人物湯瑪斯・潘恩臨近死亡才小心翼翼透露自己對基督看法，「我非常清楚做這件事所要面對的重重困難，也正是出於這種顧慮，我最後決定將它留到生命的暮年來完成。」[19]他死後心願是葬在一生追隨長老會的墓地裡，最終也不能如願。時代不同，也許你因與眾不同不會像耶穌那樣被釘死，或像湯瑪斯・潘恩那樣受人非議。內心強大、能享受孤獨人生，就是有神思想靈性和神品質最基本的標配條件。那些廣受大眾喜愛，被稱為有神靈性人物，大多都是假先知。為求大眾歡迎，只能蓄意拉低其思想理論水準以適應平庸。它的道理，甚至演繹道理的思想方法都是「最短的那塊板」，距離偉大思想創造相差十萬八千里。

問：請總結一下，不同年代人對神的想像，以及人可以成神有何意義？

在古時專制年代，「英雄」和「偉大」人物被稱為無所不能的神，君權神授，接受這樣的世界觀，就是服從強權，向專制屈服。隨著民智漸開，明白那些成神的大人物與小民一樣也會經歷起跌盛衰的人生，他們那些事成了人茶餘飯後的談資，「多少英雄事，盡在笑談中」[20]。這是懷疑鬼神，不再盲目信任權威，但又不知神是何物失去

---

18 《路加福音》4:24，「我實在告訴你們，沒有先知在自己家鄉被人悅納的。」；《馬可福音》3:21，「耶穌的親屬聽見，就出來要拉住他，因為他們說他癲狂了。」
19 湯瑪斯・潘恩：《理性時代》。
20 楊慎〈臨江仙・滾滾長江東逝水〉，「滾滾長江東逝水，浪花淘盡英雄。是非成敗轉頭空。青山依舊在，幾度夕陽紅。
　白髮漁樵江渚上，慣看秋月春風。一壺濁酒喜相逢。古今多少事，都付笑談中。」

信仰的年代,把求新求變的希望寄託在下一位英雄身上。基督教注重個人與上帝的關係,是人借著對神的仰望和敬畏實現自我超越。認識神變成是對個人生命的適切事情,一介平民也可以認識神,有神形象,成為神。而不是像古時那樣非要是大英雄,威震四方(也可能殺人無數)的人才可以成神。通過這樣的認識,人可以有獨立批判性思維,不再相信權威,也知道真正信仰源於瞭解真實自我,真實自我有神的思想和形象。

第八章
基督與中國傳統思想

導讀：華人社會的基督形象有中華文化儒釋道影子，不是聖經中的耶穌基督。

第一節　儒家式基督

問：我最近接觸到兩個概念，「社會宗教」和「個人宗教」，請解釋一下？

　　社會宗教實際上是農耕時代的宗教，集體主義就是其特徵。中世紀基督文明，大家都遵從教皇，視教皇旨意就是神的旨意，這帶來宗教腐敗和社會混亂，十字軍東征，宗教法庭就是腐敗產生的結果。馬丁路德後的基督，提倡「人皆祭司」，基督成為個人信仰，屬於個人宗教，是人藉著與神建立獨自關係的宗教信仰，不需要被人指導如何正確禱告，靈修，怎樣研讀理解聖經。認識神的方法論讓我們明白人與神有不同親疏關係，方法論打開神奧祕之迷。偉大的思想家總結了幾千年人類思想文明歷史：是方法論見證未經驗之事實，不同的思想前設、思想進路、觀察和體驗可以讓人對同一件事有不同體驗，對神的認識亦如此。由此，我們可以結論，人對神的認識，或靈性思考祂的道理沒有所謂終極或最高頂點，這是不斷探索和創新過程，正如我們經常掛在嘴上追求進步無止境。

問：你提到方法論，是智慧思辨問題，身為中國人好像在此方面有好多值得討論的地方？

中國人認為朦朧即為美：神是誰不重要，相信神無處不在至為重要，祂的道理是終極頂點；處於最高頂點的那位就是神，人終其一世不可能攀至頂峰，怎能理解最高為何物，所以我們不須究察最高無上的神是誰，當然也不會介意如何認識祂，更不可能深入研究和思索認識祂的方法論；宗教信仰和思辨無關，僅僅和情感、靈魂相關；簡單接受道理，熱情追尋和始終跟隨神的教導就可以，不須多問為什麼，神奧祕總能滿足信徒靈性所需，這基本就是華人對神理解、盼望的靈性思維。

十九世紀倫敦大學漢學家羅伯特・道格拉斯教授說[1]，「四十多代中國人都絕對認同同一個權威。作為一個曾實實在在出現過的中國人，孔子教導與中國人的天性高度契合。他們會天然排斥思索自己經驗以外的東西。在這點上，孔子表述得相當準確，懷有對未來朦朧的敬意，遵循當下簡單而有效的道德規範就可以滿足中國人所有精神需要。」大多華人對聖經基督形象理解和認識都是儒家式想像，耶穌基督教訓和神諭都與道德倫理有關。

問：孔子教導了什麼，何為儒家式基督？

孔子口中的聖人就是古代英雄、是完美倫理道德的楷模，普通人應以聖人為榜樣自我更正改造，以實現和諧社會。既然是完美，所以描述聖人完美的故事是否真偽不重要，也不須考究成為聖人是否具實際操作性，關鍵是相信聖人一切道理皆是頂點，是人生最高的終極目標。儒家式基督有聖人模樣，與神同行，行出基督模樣就是行出聖人

---

[1] 羅伯特・道格拉斯（Sir Robert Douglas, 1838-1931）。

模範。接受現成權威,挑戰神的道理等同否定聖人(基督)。這樣的靈性上信仰只能局限於模仿,或聽從他人指引。聖經經文就是金科玉律,這樣的認識就會導致產生耶穌基督討厭的律法主義。更甚者,由於缺乏對聖經歷史文化背景認識,所謂的聖經真理可能只是人臆想的結果。聖經中的基督是基於柏拉圖式思索經驗以外的基督,其最基本思想原理就是論證:神最高、終極是什麼,怎樣求知對神的認識,如何實現認識,其思想方法如何?無論人對基督有什麼理論洞見,有多震撼、多深刻,其本身都夠不上柏拉圖理型論所描述的「最高價值」,也沒有終極答案。這樣的思想原則,導致尋找神的旅程孕育出創新求變的精神文化和動力。儒家式基督就是偶像式基督,一切以對神共識(其實質尤如農耕時代集體宗教崇拜產生的臆想)標準為最高標準,非我族類,其心必異。聖經說基督主張不拜偶像,包括祂自己也不應成為偶像,意味著對神的認識不可能有共識,或稱沒有共識的共識,這樣對神的想像鼓勵人要有創新求變的精神意志。

第二節 道教式基督

　　道家思想認為,道本身是隱匿的,其本性不可言說,它就是宇宙一切規律。任何試圖定義道的企圖都注定是徒勞。真正的智者僅僅是服從於道,謙卑地遵循道。合乎道的生活方式是簡樸、寧靜、柔順、無私、堅忍,最重要的是無為,順其自然,讓世界自行展開。世界有它自身的智慧;只有時機到了,事情才會自然而然地成就。如果人試圖把自己的意願強加給世界,那必然會造成糾結、紛擾和破壞。智慧、聖哲的人在生活中涵養心靈的寧靜和諧,以便認識、理解道,這就是無為而治的道理。

耶穌說，「我就是道路、真理和生命」[2]，基督的道就是進入窄門，認識耶穌基督。認識基督的道必要條件是愛和謙卑（詳見上文）。祂的道不神祕，人可以通過踐行來實現。

道教式基督就是以道家文化想像基督，每讀經文總是對照道家的無為思想，「信神、依靠祂就有一切」[3]。但如何信、怎樣信、為什麼要信，怎樣行才可實踐對神的信念和依靠神，則借用道家的思想方法：因為神是奧祕，人神分隔，祂的道「不可言說」，只要人做到信服，多禱告依靠神，或謙卑多聽別人的神教導和指引，神的聖靈自然而然就會自行入駐心靈。我稱此為，無為而治等待神恩，其實聖經早就啟示人，不要無為而治，對神的到來要積極做好準備，就像積極準備迎接新郎那樣[4]。

第三節　佛家式基督

萬事萬物真實的存在，因彼此因果關係實際上是一，是真性；它是自在的，超越了善與惡、永恆與無常、內容與形式。它總是處於絕對狀態，不來不去，不增不減，不生不死。原則上說，人人都能通達領悟上述終極真理。但大部分人由於擁有錯誤的執念，自私的心智，缺乏平和、客觀思考能力，看待世界的心態就會失衡，其思想著力方向就是片面，固執於自身目標，終不能達到終極彼岸。這就是我們常說的禪意開悟，設定了一個內心世界（終極彼岸），通過經驗冥想抵彼岸。人從中學會擺脫紛擾，懂得無為也是一種作為。在冥想中、在

---

[2] 《約翰福音》14:6。

[3] 《箴言》3:5-6，「你要專心仰賴耶和華、不可倚靠自己的聰明。」；「在你一切所行的事上，都要認定他，他必指引你的路。」

[4] 《馬太福音》25:1-10。

日常生活中，自我追求從謬誤中解脫出來並把真理作為整體來經歷。

基督靈修著力點是觀察自我，最終明白人對世界認識永遠處於不足狀態，如《約伯記》40-41章，神質問約伯你能懂得多少世上之事？只要明白自己認識有限，知道自己不知，才會放棄自我中心，謙卑不妄斷，並自我培養探索未知的好奇心，好奇心就是智慧之源，見證自我超越，認識神、認識自己。基督靈修不存在終極目標，認識自己認識神，僅是神對人智慧的開示，繼而讓人不斷越超自我，正如武志紅[5]所稱，人的「能量球」像八爪魚一樣向各方向延伸。

佛家式基督認為：神是終極目標，只有勤於禱告，默想、認罪淨化心靈，神諭就會以聲音、圖像、默示於人，引導其抵達彼岸。人根本上就是互相聯繫和依靠，一切現象都被視為事物，人與人關係整體的顯現，對他人負責是強有力的價值觀，人應把他者視為自身，愛人如己。神教導人要熱情關心幫助他人，這是事奉神的基本方式。對神的仰望和崇拜落實到行動上，就是熱心關顧他人生命成長，這是神的愛。神的愛就是教導人彼此尊重和關心對方，愛人如己成為神真理的主要組成部分。這樣的「真理」正向理解就是互助互愛；但其負向作用也可能互相干擾彼此私人生活。互相依賴、依存代替了「天助自助者」自我驅動激勵精神。過分強調人際關係，人的行為表現受別人評論影響，人與人關係好壞標準成為人與神建立關係是否真偽的標準，人的真實意願受到壓抑，不真實的意願怎會得到神的賜恩？這樣的佛式基督信仰不可能獲得基督的心靈救贖。

綜合上述，與中世紀基督一樣，儒釋道基督也屬於農耕文明信仰，其特點崇拜權威，把基督偶像化。現代社會強調多元文明文化，從這角度觀察，我們可以理解為什麼基督信仰逐漸息微的原因。

5　武志紅：《巨嬰國》。

第四節　靈與肉

問：我發現對聖經理解偏差或誤會大多來自不辨靈魂與肉體，聖經很多概念都在談靈性問題，而誤解通常來自身體對靈性感受或靈性與身體感受混為一談或互相替代理解。

馬丁·路德《基督徒的自由》：「人有雙重屬性，一是屬靈的，一是屬肉體的。就人稱為靈魂的靈性來說，他就叫做屬靈的人，或內心的人，或新人；就人稱為血氣肉體的屬性來說，他就叫做屬血氣的人，或外體的人，或舊人。」聖經是討論怎樣成為一個有神思想意志的「新人」，這個「新人」不同於關注自己「肉體」的舊人。對新人的理解是基於柏拉圖理型論思辨方法，從靈性上認識基督所教導的新人。這是我們閱讀聖經時必須瞭解的思想脈絡。孫隆基的《中國文化的深層結構》：「中國人對自己對別人都只有『人身』觀念，而沒有『人格』觀念。此外，中國人還用『身』來表達生命。」只有身體觀念，就是聖經中「舊人」的觀念，中國傳統文化對「基督新人」的理解就是升級版「舊人」，一個人品、脾氣或倫理道德較以前更好的肉身。人品變好目的就是把身體養好、侍候好，而這一切好都來自物質上充足供應，或因物質供應帶來精神上愉悅、身體健康、家庭幸福。

問：此話怎理解？

一切從身體出發，以身體感受去理解聖經。「新造的人」實際上是改造了身體的「舊人」，讓我舉一些對概念的誤解來說明這個問題。

《馬太福音》4:4，「耶穌卻回答說，經上記著說，人活著，不是單靠食物，乃是靠神口裡所出的一切話。」；《馬太福音》6:32-33，「這都是外邦人所求的，你們需用的這一切東西，你們的天父是知道的。」；「你們要先求他的國和他的義，這些東西都要加給你們了。」

這些經文觀點源自當時流行的斯多噶主義,人快樂與他思想感受有關,與他所擁有物質財富無關,體現思想靈性在人生命中關鍵作用;人只要在靈性上有天國(神思想)屬性,即有正確人生觀,然後才能從容面對一切。但我們大多從身體出發理解這些經文,身體、精神二元對立,精神第一,否定物質、否定身體需要。有足夠「精神飽滿」,不須追求物質豐富,甚至追求物質必定忽略對「精神」照顧。這個傳統觀念就是從身體角度認為,耶穌諭示人活著不須首先想著渴求物質,精神豐裕就有一切。而斯多噶主義就思想談思想、以靈性論靈性,認為快樂或悲傷與思想感受有關。人對物質感受好壞與物質無關,而與人怎樣看待物質的感受、體驗有關,對世界的觀念源於自己如何看世界。

華人大多認為罪就是不義,身體或身體承載的思想犯了罪,冒犯了神、冒犯了別人和周遭世界。很難反思和接受「罪」就是吃了禁果,人用其思想智慧(不是神的思想智慧)判斷人和事就是罪。這是個基於神視角的抽象概念,只有身體觀念,站在身體的視角很難理解聖經「罪」的概念。

中國傳統教導做人要「溫良謙恭」,謙卑就是人前人後把身體及思想「退縮」一隅,讓自己身體外在表現出謙讓,實現百忍成金。這裡的金最終可滿足身體需要。而聖經謙卑目的是要人相信「不可見之事」,最終達致「有福」[6],靈性上謙卑能讓人超越自我。

對於耶穌的死和復活也是從「身體」和「我」去理解,既然人神分隔,耶穌(肉身)來、去(死)、復活和再來全都是不可言語的奧祕,只要相信祂這些行為是奧祕、是神跡,就會相信人的肉身也如基督那樣復活,正如《啟示錄》所示,當神(肉身)再來時,就會把人

---

6 《約翰福音》20:29,「耶穌對他說,你因看見了我才信。那沒有看見就信的,有福了。」

的罪身救贖出來。對於救贖的理解也是二分法，既然人有罪就需要救，救的結果使「肉身的我」可以像約伯那樣重回財產積累、兒女眾多。對於罪的理解，就是否定自己思想行為，一個標準基督徒就是要常常想到自己有罪，大概就是自己什麼都不對。這種二分法思維很容易導致沒有自我價值判斷力，常常受他人或傳統世俗影響，思想及行為應努力與他人一致，沒有個人意志，也沒有獨立人格精神，基督一切奧祕都是集體主義式倫理道德啟示。

第五節　正統基督思想

問：我們用傳統文化儒釋道理解聖經基督正確嗎？如何思想基督？

以儒釋道傳統文化理解聖經本身沒錯，體現華人傳統和基督結合的思想特色，也見證了上帝思想傳遍地極和外邦人的思想真理。基督產生於一世紀希臘哲學和羅馬多神教文化體系中。思辨基督教義是經典哲學思想方法，聖經基督建立在西方哲學基礎上。所以，我們不能說，以儒釋道傳統文化理解的聖經是正統原教旨聖經基督，並據此宣稱「正確」，點評別人為偽基督信仰，或指責他人這派、那派，某某主義、偽神學。不談希臘經典哲學、不論斯多噶、犬儒主義、不研讀奧古斯丁、阿奎那及世紀初護教教父們著作，很難稱是真正理解原教旨聖經基督。

問：怎樣理解耶穌和保羅要把上帝思想傳遍地極和外邦人？

那時擁有希臘經典哲學思想方法的人就是外邦人呀，反而是傳統保守猶太人沒有外邦人哲學思想文化。一世紀前後，耶穌、保羅年代猶太地是羅馬帝國殖民地，耶穌本人也深受希臘哲學思想影響，所以他批評法利賽、傳統猶太人頑固保守，不識與時並進在新時代用新思

想見證上帝救恩。耶穌和保羅把上帝道理傳向外邦人原初歷史背景就是把上帝資訊傳向羅馬版圖內以希臘、羅馬傳統文化為背景的各族人。

問：中國人既不住在原羅馬版圖內，也沒有傳統希臘哲學思想，我們的傳統是儒釋道，怎樣認識耶穌基督？

這是非常好的問題。基督幾百年前傳入中國，來自歐洲傳教士同樣面對這問題。我們也經常看到許多文章討論基督教怎樣融入儒釋道文化，儒釋道怎樣融入基督文化，或兩者如何結合。無論怎樣「融入」、「結合」，最終結果都不是傳統意義的聖經基督。正如猶太人批評保羅的上帝不是他們的上帝一樣。這裡沒有誰對錯問題，任何人都沒有資格聲稱唯一正確而指責他人聖經基督信仰不純正。過去兩千年，猶太教和基督教、基督教各派紛爭和血腥爭鬥都源自爭奪正統基督話語權，史稱這時期是人類文明黑暗期，我們應記取這個深痛教訓。

問：嗯，真正聖經基督就是經典哲學和沿習經典哲學理論發展基礎上理解的基督，這是西方文化產物。

是的。作為中國傳統文化長大的人對此應有清楚認識。要討論聖經耶穌基督，必需要有猶太、羅馬、歐洲歷史、西方哲學知識。

問：我常常聽到教會有很多基督徒說，只要有神靈魂（靈性），有神聖靈引導不需要以上「知識」都可以正確理解基督。

你可以接受這觀點，因為神啟示是向個人開放，只要人與神建立起關係，你可以得到祂的啟示。最著名的例子就是聖希爾德加德‧馮‧賓根[7]，她通過神祕的視覺幻象，把體驗寫成神學作品。神啟示

7　Hildegard von Bingen (1098-1179).

只對個人起作用，不對他人起作用，就像不可以向他人分享「無師自通」的體驗一樣。這種通過「聖靈」感應，閱讀和體驗聖經道理方法稱為「屬靈法」，它假定《聖經》確實或可能與個人屬神靈性生活有密切關係。《聖經》無誤，是「上帝的諭言」，人應以委身態度閱讀作為其信仰指南的《聖經》。書中那些鬆散、孤立、甚至令人費解的故事都有信仰的根據，論證方法和已知答案（相信基督）有關。其方法論通常忽略《聖經》文本在古代世界中的語境或歷史背景，相信文本所釋出的資訊和意義都體現了基督思想具有普遍真理性質，並且與基督信仰傳播密不可分。這類研讀者通常帶著敬畏的心，通過祈禱閱讀《聖經》，希望在閱讀中得到聖靈的引導，期待在閱讀中與上帝相遇。這種「屬靈進路」，單純、簡單而直接，無需正式培訓和學術研究。兩千多年來，數以百萬計基督（猶太）教徒就是通過這樣閱讀《聖經》獲得「聖靈感應」，得到屬神靈性和啟示。

但在當代人普遍受到良好教育的條件下，我們不應貶低「知識」對理解基督的作用。也不能強調你禱告冥想所得視覺幻象方法是正確、甚至是唯一正確方法，甚至向別人硬塞自己對基督的認識。那些強調不用「知識」去理解，試圖由別人引導、分享見證，或通過上述「屬靈進路」方法，有可能讓人思想鈍化，最終並不能真正找到基督。他／她與基督只建立在與自己現實生活沒有關聯基礎上，是別人所認識的基督，也可能是臆想出來的聖經基督。

問：我注意你多次用《約翰福音》20:29解釋不同觀點，似乎你對這經文情有獨鍾？

是的，這經文就是聖經、神對我個人獨特啟示。讓我認識：什麼是有神論者；相信未經證實或從沒體驗過的事物可能存在，提醒自己不要做井底之蛙；發現、見證未知就是自我實現超越；使我懂得如何

面對神奧祕，靈修真正意義在於發現基督的愛；明白什麼是基督式謙卑、以及愛和謙卑對人的啟示；好奇心、探索未知就是智慧具體表現。這經文是我打開神奧祕之迷的鑰匙，讓我能建立系統性思維，觸類旁通，在現實世界能夠理解和見證聖經中各種神學意義上的概念和定義。「思無涯者，其行無疆！」想像力、好奇心和探索精神可以讓人進入一個無限廣闊空間。

問：通過你以上解釋，我似乎有個結論：神只有一個，因為認識不同，一千個人有一千個對神「見證」。

是的，這才是正確認識神的見證。神對人總是信實，但祂如何對人賜下信實，不同人有不同見證。所以，任何人都不可以，也沒有權利指責他人對神信仰正誤、真偽、虛實。作為華人有華人文化式基督不足為奇。但不可以聲稱自己的基督信仰符合聖經原教旨，從而指責他人是偽、假信仰。華人式基督也是基督，這是上帝在外邦人中賜福和見證的神跡。要真正理解聖經基督教導，需要有歷史作背景以西方式哲學思想去辨識，用我們所熟悉的話語「全盤西化」去認識聖經基督。

用儒釋道傳統文化理解基督從來都不是問題，始有傳教士進入中國以來就是如此。擁有華人式基督，指責他人信仰不正統才是問題。因為它阻礙了基督信仰自由地被人接受，不同人受教育、文化背景不同，自然對基督闡釋不一樣。

第六節　未來 AI 年代

問：在可預見不久將來，人類進入 AI 年代，聖經故事不再神祕，我們還需要基督嗎？

這可是個非常好、值得探討的問題。今後 AI 具體地如何影響人類生活目前階段下任何結論和判斷都不合適，AI 智力將遠遠超過人類智力。但無論怎樣進步、變化，強調人應像基督一樣有獨立自由思想和人格意志將會是永恆思想真理，否則人將淪為 AI 的奴隸。

互聯網出現時，輿論一片歡騰，認為多元化思想將會讓世界更精彩，地球村讓世界變得容易交流，多元化讓每個人都有異乎尋常更多選擇。但現實結果，地球由原本期待一條可容納多元化的村，變成多條不同思想觀念，森嚴壁壘的村。更多選擇變成不知怎樣選擇，google 一個關鍵字有幾百萬結果。為此，人們更傾向同溫層聚會求結論。「村」彼此互不來往，互相攻擊，由於交流便捷，同溫層聚合了不同文化傳統習慣、不同宗教背景的人，各條村變得熱鬧無序，形成很大的政治合力左右社會輿論。政治家為了獲得選票毫無遠見，做盡拉抬選票之事。政策主張、計畫和實施大耍平衡術，逐「村」安慰討好，更大善意目的是更多選票（greater good means greater votes），世界比以前變得更焦慮不安。近年出現人工 AI，現在又聽到聲音，知識獲得方法和手段將是革命性的改變，意思就是今後不用學了，怎樣學都比不上使用 AI 更便捷。大數據、雲計算讓人輕而易舉獲得生活知識、經驗和智慧。AI 智力演算法出自大數據、雲計算，那是否會出現更大的同溫層價值取向？若大多數人都因懶惰由 AI 做決定，或通過 AI 幫助去做決定，這個世界還會好玩嗎？AI 占據人類生活各個領域，我不用思考，AI 會告訴我，「你在想什麼，或幹什麼，社會和

世界將會是什麼！」你、我及其他人所獲得的知識和資訊都來自同一個源頭——大數據、雲計算。大數據設計、管理者改變一下 AI 演算法就會影響你生活態度和世界觀。更甚者，人類開發的 AI 技術已出現「黑盒」現象，技術開發者都無法理解和解釋 AI 如何運算，為什麼會得出意外結果。以上這些事實警醒我們，如果我們盲目隨眾信任這個「數字巫師」（cyberwizard）。很有可能重回到愚昧的過去，被新世紀科技所奴役。

問：「數字巫師」（cyberwizard）這個概念我是第一次聽到，很有趣。

「黑盒」現象是因為未知引出困惑被稱「數字巫師」，我們還可以通過二〇二四年美國總統大選，候選人運用大量社交媒體貼文、資訊和評論作工具和手段這事件來延伸這個概念：「數字巫師」可以是任何個人的扯線木偶，或稱經過精心打扮的鏡前形象。鏡像未必是那個人的真實面目，在很大程度上是人為了尋租金錢與權力的白手套，這個白手套不需要反映它主人真實意願，它只需讀懂大眾某種心理需求，投其所好，煽動他們情緒，充分利用人工 AI 技術和社交媒體平臺代為傳播它主人的政治或經濟權力主張從中漁利，「數字巫師」就是這個人在網路世界的代言人，起到「先知」的作用。正如日光之下沒有新鮮事[8]，這伎倆其實質還是翻版「謊言說上千遍成真理」。

最近二十年社會的發展已證明，高科技的進步並沒有帶來心靈上的解放，或能滿足人因便捷而期待得到愉悅的精神生活。與此相反，技術進步加速了權力和金錢對社會上下的侵蝕步伐，同溫層聚會只是低智商不斷重複的平俗社交活動，不可能產生真正富有遠見的思想。領袖人物投其所好迎合大眾的行為，使自己變成急於兌現權力焦慮的

8　《傳道書》1:9，「已有的事、後必再有；已行的事、後必再行。日光之下並無新事。」

利益獵食者。這樣的政治現實格局，加上高技術，尤其人工 AI 演算能力得到充分利用和發揮，大眾更有可能容易被操控，極有可能形成像二次大戰前的德國國家主義，高度集中統一的思想意識形態，在「偉大領袖的關懷下」，萬眾一心共同奔赴假先知（希特勒）指引的烏托邦——雅利安第三帝國。這種大眾趨同思想意志和人生價值觀，很有可能使我們回到過去因愚昧產生恐怖破壞力！

從目前對 AI 特徵分析，其對人類影響很可能主要在精神層面上，資訊的收集、分析、利用會影響我們對生活的抉擇，工作、休閒及出行方式。人對海量資訊的處理，更加要求人要自我認識、建立獨立人格意志，做資訊的主人而不是奴隸，反受其害。

面對迅速變化社會發展，最切實可行做法是質疑人們習以為常的事情，學會用批判性精神，推翻常理進行思考。毫無疑問：在當下所謂的常理和常識大都是正確，並廣受大眾青睞、行之有效。但由於新資訊技術革新，不排除這些常識夾雜著錯誤、過時、不適應新時代的東西，要求人要更新觀念，能夠將這些錯誤找出來、揚棄，以適應新的形勢。對常識持懷疑態度很重要，質疑可以讓人進入一個全新的靈性世界。

聖經能在人類歷史中存活兩千多年歷久不衰的原因，就是它總能透徹人的本質，為信它的人提供有用人生建議。如果它不能扮演這一角色，它沒有存在的必要。許多人發現聖經論人的道理屬於道德倫理教導，比如愛，愛人如己……。但細心的讀者會發現，舊約中，沒有愛人如己的說法，也沒有上帝是人類的父，這些概念只有在新約中才出現。由此，聖經向我們提出了一個命題：在不同歷史階段，因為人對上帝形象有不同想像，才使人的思想靈性和精神方面，在不同時期都有所獲益。如果說馬丁路德宗教改革使人重新認識上帝，並使人類擺脫了中世紀文明黑暗，帶來道德重建，工業革命。那麼在二十一世

紀人工 AI 時代，人應怎樣面對上帝，如何思想上帝形象？

重溫聖經，成為像耶穌那樣明白世人，獨立獨行，只與神交流不受人影響的人，你可以成為神人物。資訊可以來自同一源頭 AI，關鍵是我們要有神的表現和反思，神在過去、現在不受人束縛，未來也不會受人工 AI 束縛。

參考文獻

《聖經》和合本。

〔以色列〕尤瓦爾・赫拉利著，林俊宏譯：《未來簡史：從智人到智神》，北京：中信出版社，2016年12月，ISBN：9787508672267。

〔以色列〕尤瓦爾・赫拉利著，林俊宏譯：《人類簡史：從動物到上帝》，北京：中信出版社，2014年11月，ISBN：9787508647357。

〔古羅馬〕柏拉圖著，郭斌和、張竹明譯：《理想國》，北京：商務印書館，1986年8月，ISBN：9787100017565。

〔古羅馬〕奧勒留（Aurelius M.）、愛比克泰德著，蔡新苗、史慧莉譯：《沉思錄》，北京：中國華僑出版社，2013年10月，ISBN：9787511337771。

〔印度〕吉杜・克里希那穆提著，孫芳譯：《你就是世界》，海口：海南出版社，2008年6月。

〔法〕古斯塔夫・勒龐著，戴光年譯：《烏合之眾：激情、非理性、領袖崇拜，盲目群體的心理陷阱》，北京：新世界出版社，2011年6月，ASIN：B008H0H9FO。

〔法〕伏爾泰著，孫平華、曾娟譯：《奇跡和偶像崇拜》，北京：中譯出版社，2016年1月，ISBN：9787500143512。

〔法〕孟德斯鳩著，申林譯：《論法的精神》，北京：北京出版社，2007年10月，ISBN：9787200069655。

〔法〕蜜雪兒・德・蒙田著，馬振騁譯：《蒙田全集》，上海：上海書店出版社，2017年4月，ISBN：9787545814477。

〔法〕盧梭著，鐘書峰譯：《社會契約論》，北京：法律出版社，2017年12月，ISBN：9787519716103。

〔美〕布魯克・諾埃爾・莫爾、肯尼士・布魯德著，李宏昀、倪佳譯：《思想的力量》，北京：北京聯合出版公司，2017年3月，ISBN：9787550294714。

〔美〕彼得・德魯克著，洪世民、趙志恒譯：《經濟人的末日》，上海：上海譯文出版社，2015年8月，ISBN：9787532769834。

〔美〕威爾・杜蘭特：《文明的故事4：信仰的時代》，成都：天地出版社，2018年10月，ISBN：9787545541304。

〔美〕湯瑪斯・潘恩著，羅娜譯：《理性時代》，上海：上海譯文出版社，2023年8月，ISBN：9787532785322。

〔英〕弗里德里希・奧古斯特・哈耶克著，王明毅、馮興元譯：《通往奴役之路》，北京：中國社會科學出版社，1997年8月，ISBN：9787500421368。

〔英〕弗里德里希・奧古斯特・哈耶克著，馮克利譯：《致命的自負》，北京：中國社會科學出版社，2000年9月，ISBN：9787500427933。

〔英〕亞當・斯密著，謝祖鈞譯：《國富論（上、下冊）》，北京：新世界出版社，2007年1月，ISBN：9787802282735。

〔英〕阿諾德・湯因比著，劉北成、郭小淩譯：《歷史研究》，上海：上海人民出版社，2005年4月，ISBN：9787208055605。

〔英〕阿蘭・德波頓著，資中筠譯：《哲學的慰藉》，上海：上海譯文出版社，2016年4月，ISBN：9787532747498。

〔英〕洛克：《人類理解論（上、下）》，北京：商務印書館，1959年2月，ISBN：9787100011372。

〔英〕約翰・洛克（Locke）著，馮麗霞譯：《政府論・上卷》，北京：外語教學與研究出版社，ASIN：B092Z8TGLT。

〔英〕理查・道金斯著，盧允中譯：《自私的基因》，北京：中信出版社，2018年11月，ISBN：9787508694498。

〔英〕麥嘉湖（John MacGowan）著，秦傳安譯：《中國人的生活方式》，北京：電子工業出版社，2012年9月，ISBN：7121180804。

〔英〕羅素：《為什麼我不是基督教徒》，北京：商務印書館，2010年12月，ISBN：9787100073202。

〔荷〕赫爾曼・巴文克著，趙剛譯：《啟示的哲學》，成都：四川人民出版社，2014年2月，ISBN：9787220090813。

〔瑞士〕雅各・布克哈特著，何新譯：《義大利文藝復興時期的文化》，北京：商務印書館，1979年7月，ISBN：9787100002639。

〔義〕尼科洛・馬基雅維里著，潘漢典譯：《君主論》，北京：商務印書館，2005年10月，ISBN：9787100016483。

〔德〕尼采著，李超傑譯：《偶像的黃昏》，北京：商務印書館，2013年11月，ISBN：9787100103848。

〔德〕亞瑟・叔本華，韋啟昌譯：《叔本華思想隨筆》，上海：上海人民出版社，2005年4月，ISBN：9787208055339。

〔德〕叔本華：《人生的智慧》，上海：上海人民出版社，2008年10月，ISBN：9787208081178。

〔德〕叔本華著，石沖白譯：《作為意志和表象的世界》，北京：商務印書館，1982年11月，ISBN：9787100011662。

〔德〕馬克斯・韋伯著，閻克文譯：《新教倫理與資本主義精神》，上海：上海人民出版社，2010年8月，ISBN：9787208092365。

〔德〕康德著，李秋零譯：《單純理性限度內的宗教》，北京：中國人民大學出版社，2003年10月，ISBN：9787300049571。

〔德〕康德著，李秋零譯：《純粹理性批判》，北京：中國人民大學出版社，2011年7月，ISBN：9787300139838。

〔德〕費爾巴哈著，榮霖華譯：《基督教的本質》，北京：商務印書館，1984年10月。

〔德〕路德維希著，郭玉屏、李國君譯：《耶穌傳》，北京：中國商業出版社，2009年4月。

David W. Pao 著，鄺炳釗主編：《路加福音（上、下卷）》，香港：天道書樓公司，2020年4月，ISBN：9789622087446。

G. K. Beale 著，聶錦勳譯：《與新約作者同讀舊約——實踐篇》，香港：天道書樓公司，2016年9月，ISBN：9789622089280。

John R. W. Stott：《羅馬書》，新北：校園書房出版社，2000年10月，ISBN：9789575876821。

Jordan Aumann 著，蔡秉正譯：《靈修神學》，臺北：生命意義出版社，1995年6月，ISBN：9789575462239。

Kenneth O. Gangel 著，呂鴻基編譯：《基督教教育者手冊——學習教導》，達拉斯：中華聖經教育協會，2000年5月，ISBN：1886252807。

Marlene D.Lefever 著，吳瑞誠譯：《引爆學習 Very Match》，臺北：財團法人基督教中國主日學協會，2002年4月，ISBN：9789575502720。

N.T. Wright 著，邱昭文譯：《耶穌與神的得勝》，新北：校園書房出版社，2014年10月，ISBN：9789861984049。

N.T. Wright 著，左心泰譯：《新約與神的子民》，新北：校園書房出版社，2013年9月，ISBN：9789861988665。

N.T. Wright 著，邱幕天譯：《神兒子的復活》，新北：校園書房出版社，2016年8月，ISBN：9789861985121。

Simon Sebag Montefiore：《耶路撒冷三千年》，香港：民主與建設出版社，2015年1月，ISBN：978-7513903509。

Stephen Tomkins 著，馮紹聰譯：《保羅與他的世界》，香港：宗教教育中心，2012年7月，ISBN：9789624885736。

W.C Kaiser Jr. D.L. Bock P. Enns 著，邵樟平、邵尹妙珍譯：《與新約作者同讀舊約——導論篇》，香港：天道書樓公司，2014年7月，ISBN：9789622089747。

王新生：《聖經精讀》，上海：復旦大學出版社，2010年8月，ISBN：9787309075137。

卡森（D. A. Carson）：《翰福音注釋》，加州：美國麥種傳道會，2007年1月，ISBN：9781932184723。

余英時：《歷史與思想（二版）》，臺北：聯經出版事業公司，2014年4月，EAN：9789570843798。

吳明節著，莫仁發譯：《基督教與中國文化的接觸點》，臺北：道聲出版社，2019年1月，ISBN：9623800320。

宋懷常：《中國人的思維危機》，天津：天津人民出版社，2010年12月，ISBN：9787201067582。

亞當・斯密：《道德情操論》，北京：商務印書館，1997年10月，ISBN：9787100028264。

易普信著，陸忠信譯：《非我唯主——宣道會創辦人宣信博士的一生》，香港：宣道出版社，2011年6月，ISBN：9789622447844。

武志紅：《巨嬰國》，杭州：浙江人民出版社，2016年12月，ASIN：B01NCY9BUK。

宣信著，華密譯：《先賢之信：四重福音》，香港：宣道出版社，1987年7月，ISBN：9789622442436。

約翰・加爾文：《基督教要義》北京：生活・讀書・新知三聯書店，2017年12月，ISBN：9787108033703。

孫隆基：《中國文化的深層結構》，桂林：廣西師範大學出版社，2011年6月，ISBN：9787563344949。

孫寶玲：《約翰福音文學註釋》，香港：天道書樓公司，2001年9月，ISBN：9789622085152。

孫寶玲：《新約聖經研究導論：初代基督徒的信仰與實踐》，新北：校園書房出版社，2018年11月，ISBN：9789861986371。

馬保羅：《堂會確是一間有限公司。：一位資深牧者的真情剖白》，香港：印象文字，2017年12月，ISBN：9789624575552。

梁家麟：《今日哥林多教會——哥林多前書註釋》，香港：天道書樓公司，1992年6月，ISBN：9789622082212。

郭文池：《系統神學：聖經論》，香港：宣道出版社，2010年7月，ISBN：9789626734919。

陳錦友：《民數記——信與不信的日誌》，香港：明道社公司，2014年5月，ISBN：9789881694034。

奧古斯丁著，王曉朝譯：《上帝之城》，北京：人民出版社，2006年12月，ISBN：9787010054988。

奧古斯丁著，周士良譯：《懺悔錄》，臺北：臺灣商務印書館，1998年10月，ISBN：9789570515060。

奧古斯丁著，周偉馳譯：《論三位一體》，上海：上海人民出版社，2005年5月，ISBN：9787208052826。

彭順強：《二千年靈修神學歷史》，香港：天道書樓公司，2005年7月，ISBN：9789622086401。

斯托得（John Stott）著，謝志偉譯：《真理的尋索：基督是否可信》，臺北：財團法人基督教福音證主協會，2010年3月，ISBN：9789887018872。

普布利烏斯‧科爾涅利烏斯‧塔西陀著,王以鑄、崔妙因譯:《編年史》,上海:商務印書館,1981年4月,ISBN:9787100011594。

曾思瀚、鄧紹光著,曾景恆譯:《保羅政治 Paul and Politics》,香港:基道出版社,2019-10月,ISBN:9789624575958。

曾思瀚:《誰的保羅,哪個福音?:保羅詮釋現象的反思》,香港:基道出版社,2012年7月,ISBN:9789624574418。

曾思瀚:《歷久常新的生命故事》,香港:基道出版社,ISBN:978962457317620061015。

曾思瀚著,蘇慧中譯:《約翰福音:道成福音的耶穌》,香港:明道社公司,2008年6月,ISBN:9789881709493。

湯瑪斯‧阿奎那著,段德智譯:《論存在者與本質》,北京:商務印書館,2013年4月,ISBN:9787100092074。

湯瑪斯‧潘恩(Thomas Paine)著,樂國斌譯:《人的權利》,上海:上海譯文出版社,2017年,ASIN:B079FQMFWB。

辜鴻銘著,張帆譯:《中國人的精神》,鄭州:河南文藝出版社,2014年4月,ISBN:9787807659938。

黃裕生:《宗教與哲學的相遇──奧古斯丁與湯瑪斯‧阿奎那的基督教哲學研究》,南京:江蘇人民出版社,2008年4月,ISBN:9787214049179。

楊慶球:《宣道會屬靈傳統》,基督教加拿大華人宣道會聯會,2017年3月,ISBN:9780991978557。

聖多瑪斯‧阿奎那著,劉俊餘、陳家華、高旭東、周克勤、胡安德、王守身譯:《神學大全》,臺南:碧岳學社、中華道明會聯合出版,2008年,ISBN:9789868453609。

劉少平:《申命記(上、下卷)》,香港:天道書樓公司,2012年6月,ISBN:9789622085510。

德席爾瓦(David A. DeSilva)著,紀榮智、李望遠譯:《21世紀基督教

新約導論》，新北：校園書房出版社，2013年6月，ISBN：9789861983035。

余達心：《聆聽：神學言說的開端》，新北：校園書房出版社，2008年5月，ISBN：9789861980607。

盧龍光：《使徒行傳和使徒書信解讀（第二版）》，北京：宗教文化出版社，2011年10月，ISBN：9787802544413。

鄺炳釗：《創世記（卷上）──創造與拯救的上帝》，香港：明道社公司，2005年1月，ISBN：9789881963918。

藺克諧：《基督教宗教教育手冊》，臺北：道聲出版社，2002年12月，ISBN：9789623803137。

Bart D. Ehrman, *How Jesus Became God, The Exaltation of a Jewish Preacher from Galilee.* Harper One, ISBN-10: 0061778184 March. 25 2014

Chris Miller, *Chip War: The Fight for the World's Most Critical Technology.* Scribner, ISBN-10:1982172002 Oct.4 2022

Christopher D. Stanley, *The Colonized Apostle: Paul Through Postcolonial Eyes.* Fortress Press, ISBN-10: 0800664582 July. 1 2011

Fr. Lawrence Farley, *The Epistle to the Romans: A Gospel for all.* Conciliar Press, ISBN-10: 1888212519 Dec.7 2005

G. K. Beale, D. A. Carson, *Commentary on the New Testament Use of the Old Testament.* Baker Academic, ISBN-10: 0801026938 Nov.1 2007

Lawrence J. Crabb, *Inside Out.* NavPress, ISBN: 9781612913124 2013

Michael F. Bird, Craig A. Evans, Simon J. Gathercole, Charles E. Hill, Chris Tilling, *How God Became Jesus, The Real Origins of Belief in Jesus' Divine Nature -A Respond to Bart Ehrman.* Zondervan Academic, ISBN-10: 0310519594 March.25 2014

Michael J. Anthony, *Introducing Christian Education.* Baker Academic, ISBN-10: 0801022754 July.9 2009

Michaels J. Ramsay, *The Gospel of John (New International Commentary on the New Testament,.* Eerdmans, ISBN: Sep. 23 2010

Pamela Eisenbaum, *Paul Was Not a Christian.* Harper One ISBN-10: 0061349917 Sept. 7 2010

Reinhartz Adele, *Cast Out of the Covenant: Jews and Anti-Judaism in the Gospel of John.* Fortress Academic, ISBN-10: 1978701179 July. 15 2018

Richard A. Horsley, *Paul and the Roman Imperial Order.* Trinity Press International, ISBN-10: 1563384213 Jan. 1 2004

Richard Bauckham, *JESUS AND THE EYEWITNESSES: The Gospels as Eyewitness Testimony.* second edition 2017 of William B. Eerdmans Publishing Company, ISBN-10: 0802874312 April. 28 2017

Rick Warren, *God's Answers to Life's Difficult Questions.* Zondervan ISBN-10:0310296277 2006

Rick Warren, *The Purpose Driven Life, What on Earth Am I Here For?.* Zondervan, ISBN 97803102037151 2002

Sze-kar Wan, *Romans: An Introduction and Study Guide: Empire and Resistance.* Bloomsbury Academic, ISBN-10: 056769349X Jan. 14 2021

Thom & Joani Schultz, *The Dirt on Learning.* Group Pub Inc, ISBN-10: 0764420887 Jan. 1 2017

Winston Groom, *Forrest Gump.* Vintage, ISBN-10: 0307947394 Feb.21 2012

Yung Suk Kim, *Messiah in Weakness, A Portrait of Jesus from the Perspe-*

ctive of the Dispossessed. CASCADE Books. Eugene, Oregon ISBN-10: 1498217451 May. 27 2016

Yung Suk Kim, *Christ's body in Corinth the politics of a metaphor*. Fortress Press Minneapolis, ISBN-10: 0800662857 Jan.1 2016

Yuval Noah Harari, *21 Lessons for the 21st Century*. Signal, ISBN-10: 0771048882 March. 31 2020

昌明文叢 A9900011

你就是神

作　　者	祈　華
責任編輯	林涵瑋
特約校稿	張逸芸

發 行 人	向永昌
總 經 理	梁錦興
總 編 輯	張晏瑞
編 輯 所	萬卷樓圖書股份有限公司
排　　版	林曉敏
印　　刷	維中科技有限公司
封面設計	吳華蓉

出　　版　昌明文化有限公司
桃園市龜山區中原街 32 號
電話 (02)23216565

發　　行　萬卷樓圖書股份有限公司
臺北市羅斯福路二段 41 號 6 樓之 3
電話 (02)23216565
傳真 (02)23218698
電郵 SERVICE@WANJUAN.COM.TW

ISBN 978-986-496-632-5
2025 年 5 月初版
定價：新臺幣 260 元

如何購買本書：

1. 轉帳購書，請透過以下帳戶
   合作金庫銀行 古亭分行
   戶名：萬卷樓圖書股份有限公司
   帳號：0877717092596

2. 網路購書，請透過萬卷樓網站
   網址 WWW.WANJUAN.COM.TW

大量購書，請直接聯繫我們，將有專人為您服務。客服：(02)23216565 分機 610

如有缺頁、破損或裝訂錯誤，請寄回更換
版權所有・翻印必究

Copyright©2025 by Cheng Ming Culture Co., Ltd.
All Rights Reserved　　　Printed in Taiwan

國家圖書館出版品預行編目資料

你就是神 / 祈華著.-- 初版　.-- 桃園市：
昌明文化有限公司出版；臺北市：萬卷樓圖
書股份有限公司發行, 2025.05
　面；　公分.--(昌明文叢)
ISBN 978-986-496-632-5(平裝)
1.CST: 神學　2.CST: 基督教

242　　　　　　　　　　　　　　114004350